幼儿园民间美术活动设计方案

主 编　林　琳

副主编　崔千红　刘　琪　谢　舫

编　委　朱梅华　包　弘　李家勤
　　　　陈　颖　苗　芳　王　婧

复旦大学出版社

序 言
让童趣童真与人文并存

王振宇

民间美术是指各族人民世代相传并视为文化遗产组成部分的一种传统文化的表现形式,通常包括绘画、雕塑、建筑、服饰、器皿、家具、玩具、戏具、编织、染织、刺绣、剪纸、扎纸和食品等。民间美术是一切美术形式的源泉。民间美术,作为具有浓烈民族乡土特色的艺术形式,不仅是艺术研究的对象,也是人类学、文化学、民俗学、心理学等众多学科的研究对象,因为民间美术蕴含着各民族的民众生生不息、代代相传的习俗、期盼、爱好、愿景、道德观和信仰。正因为民间美术具有如此丰富的精神内涵和艺术价值,将民间美术融入幼儿园艺术教育是一件十分重要的教育活动。这个活动既符合《幼儿园教育指导纲要(试行)》的要求,也符合《中华人民共和国非物质文化遗产法》的规定。林琳女士在新作《幼儿园民间美术活动设计方案》的导言部分,对什么是民间美术以及在幼儿园教育中开展民间美术教育的意义、原则、方法和价值都作了详尽的阐述。我就从儿童绘画心理发展的角度来表述一下自己的看法,与广大读者交流。

儿童发展心理学的研究告诉我们,语言和绘画是儿童早期发展中两种重要的表征手段。语言的发展方向是概括化,而绘画的发展方向是形象化。概括化和形象化是人类思维的双翼,缺一不可。语言和绘画既是儿童思维发展的标志,也是儿童认识世界、表达情感和进行人际交往的工具,在儿童发展中具有同等重要的作用。但是,它们分属于两种不同的认知功能,其性质是不同的,儿童绘画具有自己内在的逻辑和表达方式,体现着儿童特有的情感和形象思维的特征。令人感兴趣的是,儿童绘画的特点与民间美术的特点高度

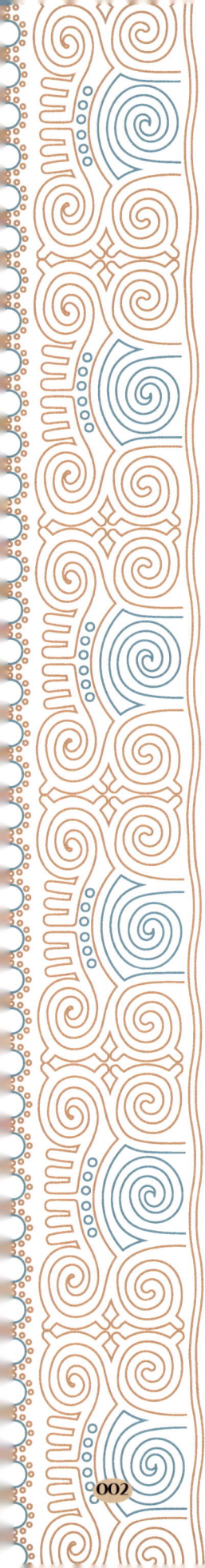

契合。这是将民间美术融入幼儿园教育的必然性和合理性的学理依据。

我的案头就摆放着一只小镜框,里面镶着一幅农民画《数蜻蜓》,是上海市金山区的一所幼儿园送给我的礼物,画面上有三个小朋友和很多五彩缤纷的蜻蜓。我们知道,农民画是一种在特定条件下形成的民间美术,具有民间美术的普遍特征,如大胆使用原色,敢于运用补色对比、纯度对比、明度对比、冷暖对比、黑白对比,画面热烈而丰满、协调而有趣,运用象征的手法,极富平面的装饰效果。熟悉儿童画的人一定也同意,这些农民画的特点,与特定年龄阶段的儿童画的特点是高度契合的。儿童画色彩斑斓,同样具有线条、构图、用色、布局上的情绪性和游戏性。儿童绘画具有自己内在的逻辑和表达方式,体现着儿童特有的情感和形象思维的特征,这种特点往往可以维持到10岁左右。有研究表明,一个人如果10岁以后没有接受专业的美术教育,那么,他终身的绘画能力就停留在10岁左右的水平。儿童的本性是天真,民间美术的本性也是天真。天真,正是儿童绘画与民间美术相通的内在联系。

正是这种天真的秉性,导致了儿童绘画与民间美术的另一个共同特点,那就是充满游戏精神的主旋律。游戏精神是一个人自主地创造和愉悦地体验生命的能力、生存的价值和生活的幸福,是一种积极精神。我们知道,民间美术与民俗活动紧密相连,因此,民间美术把生活感与仪式感、实用性与艺术性、原始性与现代性联系在一起,表达出对生命力量的歌颂、对自由创造的喜悦、对美好生活的憧憬和祝愿,无不体现着人类的游戏精神。儿童绘画同样也是反映着人类在演化过程中早期是如何认识世界、表征世界的,是一种最原始、最基本的认知模式。这种认知模式反映着儿童对环境充满好奇、勤于动手、勇于探索、敢于表达的天性。这种认知模式也让儿童在绘画时尽情地发挥感知水平上的美感,享受绘画过程和表达自己当时的情绪,不受客观性、标准化的限制,同样体现着游戏精神。游戏精神是人类精神的本源。正是共同的游戏精神,使幼儿对民间美术具有潜在的可接受性,也使得幼儿接受民间美术的过程充满着童趣童真的游戏性。

把民间美术作为幼儿园教育的重要课程资源,不仅有利于增强幼儿的审美感和民族自豪感,也是帮助儿童感知和理解当代美术的阶梯。我们知道,毕加索的作品让人们看出了儿童期对人生的重要性。正如毕加索所说:"我14岁就能画得像拉斐尔一样好,之后我用一生去学习像小孩子那样画画。"年龄越大,画风越成熟,就越是渴望回溯到童年时的认知风格和绘画技巧。后期毕加索的超现实主义绘画,实际上就是幼儿对立体,尤其是对人体的拓扑观念。儿童的视觉、儿童的拓扑认知和儿童的涂鸦手法,构成了艺术大师毕加索超现实的全部精髓!他最典型的作品是晚年热衷的拼贴画,用各种材料进行拼贴,这正是幼儿最喜欢和最擅长的游戏。毕加索自身的童年经验以及他对儿童游戏的关注,对他的作品起到了关键性的作用。他画风的不断变革,正是对童年经验的不断审视和回归。需要强调的是,这里所说的儿童,是从小就拥有自由游戏、自由表达权利的儿童,绝不是夹持在成人的双翼下没有自由游戏、自由表达权利,只能按成人规定的思路和方式生存的儿童。禁锢游戏就是禁锢心灵。禁锢心灵必然禁锢创造,禁锢创造就是禁锢天性。这才是"起跑线"上最致命的失败!

有了游戏精神,就会对世界充满兴趣、大胆幻想、相信直觉、注重体验、热衷于过程、勇于表达、坦然对待失败、不迷窍于现状、相信这世界充满着无穷的可能性。正因为这样,儿童才会不沾沾自喜于眼前的成功,而是不断地重构,不断地创新。毕加索曾对一位画家说:"你自己就是太阳,你腹中有着千

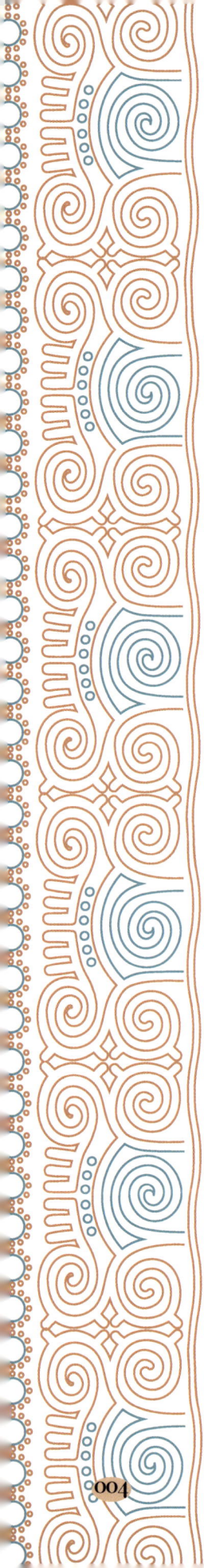

道光芒。"腹中的千道光芒始终照耀着他自己的创造。毕加索一生经历的不同创造时期，本质上是一次又一次的自我否定。不敢和不肯否定自我的人，是没有可能创新的。这就是大师的游戏精神。这也就是为什么儿童比我们成人更容易理解现代艺术的原因所在。

《中华人民共和国非物质文化遗产法》第三十四条规定："学校应当按照国务院教育主管部门的规定，开展相关的非物质文化遗产教育。"幼儿园教育融入民间美术也是对非物质文化遗产的活的保护和真的传承。保护和传承非物质文化遗产绝不是在玻璃橱里放几件民间玩具或在窗户上贴几幅剪纸，而是要坚持文化与人类共存。人类文明之所以薪火相继是得益于儿童的可教育性。因此，儿童是人类文明的传递者。我们要继承优秀文化传统，形成新的文化倾向、民族特性，就必须把注意力集中在儿童身上。蒙台梭利说得对，"童年的社会问题深深地渗透进我们的精神生活"，"对儿童的任何影响都会影响到人类，因为一个人的教育就是在他的心灵的敏感和秘密时期(指童年期)完成的"。所以，"如果我们真的渴望在大众中传播文明之光，那么，要想达到这一目标我们必须求助于儿童"。把民间美术融入幼儿园教育，就是对我国的非物质文化遗产最具活性的保护和最认真的传承。

此外，幼儿园教育融入民间美术也是培养儿童面向多元文化的必然途径。多元文化不仅指中华民族范畴内的各个少数民族的亚文化，也包括世界各国的民间文化。随着文化交流的发展，孩子们面前展现出了越来越多其他国家的民间美术，例如俄罗斯的套娃、瑞典的达拉木马、日本的寿司、非洲的图腾等，让孩子们在培养对本民族文化的热爱和文化归宿的同时，也能够认识世界，加强交流，以便在传承中创新，适应新时代的文化发展。因此，我认为，在幼儿园教育中融入民间美术，就是为了通过童趣童真实现"活的保护、真的传承、尊重多元、人文共存"。

    林琳女士是我多年的同事,也曾是我的研究生。长期以来她一直钻研在儿童美术的领域中,孜孜不倦地从儿童美术中汲取营养,为幼儿园教育奉献自己的学术力量。她曾出版《绘本中的创意美术》一书,强调图像能表达文字表现不出来的特性,现在又给大家奉献上这本新作,坚持面向儿童、面向幼儿教育的实践,精神可嘉,我自然是很欣慰的。我把自己读完书稿后的感想写出来,以表达对她长期潜心研究儿童美术的支持和敬意。

前　言

　　民间美术是民间文化的瑰宝,也是民间文化中最富色彩的部分。通过合适的方式让幼儿感知、体验民间美术的独特表现形式以及蕴含其中的朴实无华的美,进而用自己的方式进行表现,将有利于幼儿感受非物质文化遗产的独特魅力,增进对本土文化的了解,同时提升幼儿的审美能力、想象力和创造力。在幼儿园开展民间美术活动对我国博大精深的民间美术延续和发展有着重要的价值。

　　挖掘和利用优秀的民间美术资源是开展民间美术教育活动的关键。如何让丰富多彩的民间美术走进幼儿园,培养幼儿对中国传统文化的情感认同,帮助幼儿树立了解传统、热爱传统的文化自信,体验民间美术的独特魅力,就需要教师从幼儿的兴趣、身心发展的需要出发,结合他们的生活经验,考虑资源的民俗性、差异性、多样性和适宜性。

　　民间美术品类丰富、形式多样,本书以艺术形态分类为依据将民间美术分为民间绘画、民间雕塑、民间工艺和民间建筑,设计了小、中、大班共 46 个美术集体教学活动方案以及部分相关的美术区角活动。每个集体活动方案有活动说明、活动方案以及对后续活动的建议。每个区角活动方案有具体的操作材料、操作过程、观察指导的要点以及区角环境创设的相关图片,同时收录了幼儿集体教学活动和区角活动后的作品。区角活动将通过扫描二维码的形式呈现。上述各部分内容,可以帮助教师更好地组织与实施民间美术教育活动。

　　民间美术是实用性和审美性有机结合的一种传统民族艺术,它在满足人们生活需要的同时,也具有陶冶情操、美化生活的审美功能,更具有长期被人们所忽略的教育功能。因此,编者继主编《绘本中的创意美术》一书之后,一直考虑如何在全球化、现代化的时代潮流中,将优秀传统民间美术文化的因

素融入幼儿园的美术教育教学中，让孩子们在幼儿阶段就接受民间文化的熏陶，增强幼儿对祖国优秀传统文化的理解，让民族的优秀文化遗产可以保持"活态化"的传承。经过两年多的实践，在上海市宝山区乾溪第二幼儿园的崔千红、普陀区大风车幼儿园的刘琪和黄浦区思南新天地幼儿园的谢舫三位园长的鼎力支持以及各园所教师们的共同努力之下，终于完成了该书的编写。

本书由华东师范大学的林琳主编，负责整本书的结构拟定、内容修改和统稿工作，崔千红和刘琪带领的团队负责集体教学活动的设计和实施，谢舫带领的团队负责部分集体教学活动以及区角活动的设计与实施。本书的编写得到了复旦大学出版社学前教育分社策划编辑谢少卿女士和责任编辑夏梦雪女士的大力支持，在此对在本书编写过程中付出心血的崔千红、刘琪、谢舫三位副主编，宝山区乾溪第二幼儿园的朱梅华、包弘、李家勤，普陀区大风车幼儿园的陈颖、苗芳，黄浦区思南新天地幼儿园的王婧六位编委以及各园所参与编写的老师们表示衷心的感谢！同时，也要感谢上海童梦教育科技有限公司 CEO 蒋凯博士让我们使用"博雅美育四馆合一"平台中的部分视频，读者可以扫码查看。通过多媒体和儿童化的方式，将中国传统的人文、艺术、历史底蕴和特色展示给孩子们，这不啻为传统文化进校园的创新方式，为民间美术教育教学活动中拓展幼儿视野、让幼儿更好地理解民间美术锦上添花。希望本书能够给幼儿园教师、学前教育工作者、喜欢民间美术的各院校学生，以及儿童美术教育工作者带来启示。让我们一起努力，为民族优秀传统文化的传承和弘扬做出自己的一份贡献！

林　琳

华东师范大学教育学部

目　录

001 导言

第一篇　民间绘画

019　活动一　水拓团扇（小·班）
022　活动二　扇面画（中班）*
025　活动三　晶莹剔透的糖画（大班）

029　活动四　年画（大班）
032　活动五　清明上河图（大班）
035　活动六　威武的门神（大班）*
039　活动七　九色鹿（大班）*

第二篇　民间工艺

045　活动一　汉服腰带（中班）
048　活动二　盘扣（中班）
052　活动三　新年唐装（中班）
055　活动四　剪纸鸡（大班）
059　活动五　福娃闹新春（大班）
062　活动六　金锁银锁（大班）
065　活动七　京剧脸谱（大班）*
069　活动八　京剧扑克（大班）
　　　　▶ 梨园里的京剧脸谱
073　活动九　满族旗头（大班）*
076　活动十　云肩（大班）
079　活动十一　美丽的壮锦（大班）
083　活动十二　扎染（大班）

088　活动十三　古朴而粗犷的藏饰（大班）
092　活动十四　虎头鞋（大班）
094　活动十五　时尚旗袍秀（大班）
098　活动十六　风筝（大班）
102　活动十七　稻草人（大班）
106　活动十八　形形色色的民族乐器（大班）
110　活动十九　刮画青花瓷壶（大班）
113　活动二十　版画青花瓷（大班）
116　活动二十一　青花瓷器写生（大班）
119　活动二十二　青花瓷盘装饰（大班）
122　活动二十三　青花瓷瓶装饰（大班）
　　　　▶ 东方神韵的青花瓷
125　活动二十四　创意青花设计（大班）

*　该活动中含有区角活动，可扫码了解

第三篇　民间雕塑

131　活动一　十二生肖变变变（小·班）

134　活动二　快乐的阿福（中班）*

136　活动三　兔儿爷（大班）

140　活动四　泥泥狗（大班）

143　活动五　兵马俑（大班）

147　活动六　鼎（大班）

▶ 国之重器——青铜器

第四篇　民间建筑

153　活动一　粉墙黛瓦（小·班）

▶ 吴冠中的烟雨江南

156　活动二　千年瓦当（中班）

▶ 相爱千年的瓦当和滴水

160　活动三　大门上的怪兽铺首（中班）

163　活动四　草原上的蒙古包（中班）

166　活动五　凌空展翅的飞檐（大班）

169　活动六　美轮美奂的花窗（大班）

173　活动七　园林景观之洞门（大班）

177　活动八　烟雨江南（大班）*

180　活动九　中西合璧的石库门（大班）

184　参考文献

导　言

林　琳

随着现代社会经济与科学技术的飞速发展,以及网络信息的多元化和工业生产的智能化进程的加快,人们的生活方式、生活态度都悄然发生了改变,这种改变也影响到幼儿,他们与优秀传统文化渐行渐远,尤其是民间美术变得遥远而陌生。

民间美术是民间文化中重要的部分,同时也是民间文化中的瑰宝。民间美术体现的是劳动人民的淳风之美和质朴的审美观,是一种古朴纯真的艺术。民间美术以其独特的造型语言和艺术形式反映着各民族人民的情感生活和生活追求,蕴含着各民族社会生活、历史文化、风俗习惯、宗教信仰和美学观念等方面的丰富内涵。在内容上,民间美术往往贴近于生产和日常生活,任凭感情的自然流露,用直观的艺术语言来表达自己的感情;在形式上,一般不做过多的修饰,保持着清新质朴的随意性,具有一种超越时空的艺术魅力和审美价值。

如何挖掘和利用优秀的民间美术资源,让丰富多彩的民间美术走进幼儿园,培养下一代对中国传统文化的情感认同,帮助幼儿树立了解传统、热爱传统的文化自信,体验民间美术的独特魅力,这是我们教育者责无旁贷的使命。在形式多样的民间美术领域中,我们要找出适合学前儿童的形式和内容,从幼儿出发,培养他们对民间美术的兴趣爱好,引导他们感受民间美术文化的瑰丽。

一、民间美术与儿童美术

民间美术传承着原始美术的血脉,以最纯朴的形式传递着中华民族的本元文化,以最包容的姿态展示其优秀文化的风范。民间美术与人们的生活息息相关,是表达生活的艺术,这一点与儿童美术不谋而合。

儿童美术是指儿童从事的造型艺术活动,反映了儿童对周围现实生活的认识和体验,儿童美术是儿童发展到一定阶段才出现的,是儿童自我表现的一种重要方式,是儿童探索美术媒介、使自我得以肯定的一条重要途径,也是对儿童实施审美教育的重要手段。儿童画给我们的感觉是大胆、质朴,体现了儿童独特的视觉思维,作品中充满了稚拙、自然的美。

在民间美术作品中,我们经常会看到不合比例的人物形象、不合常理的情节,而这些现象在儿童画中也比比皆是,两者在造型特点及其本质上有着异曲同工之妙。那么,民间美术与儿童美术究竟有着怎样千丝万缕的联系呢? 下面将从造型、色彩、空间三个方面进行分析。

（一）造型表现

民间美术强调造型上的视觉审美效果，大都带有浓郁的乡土气息和淳厚、真实、乐观向上的感情色彩，是人类劳动生活中最质朴的艺术思想和艺术语言的体现。民间美术在造型上与儿童的造型表现有着很多的相似之处。

1. 夸张式表现

夸张是通过对物象某些部分的伸长、缩小、扩大、加粗、变形等处理使得形象更具有艺术表现力。在儿童的绘画中，他们会根据自己的经验，将自己认为重要的部分、感兴趣的东西或是体验深刻的对象画得特别突出或仔细。例如，幼儿在画小朋友踢毽子时，会将小

图导言-1

朋友的腿画得特别长，甚至一条腿还可以拐个弯，以便接住空中的毽子；在画小朋友手拿彩球做户外体操时，又会将小朋友的手画得特别长，目的是拿住彩球，不让它掉在地上。民间美术作品中同样也有夸张的表现。例如在年画《连年有余》作品中（见图导言-1），会看到一个胖胖的小男孩双手抱着一条大鲤鱼，画面中的鱼画得非常大，与现实不符，但是却与人们希望自己的孩子健康强壮的美好愿望一致，用夸张的手法表达人们对美好、富足生活的向往。

2. 透明式表现

由于幼儿不能协调自己与客体的关系，加上缺乏经验和知识，在思维上具有自我中心的特点，因此，在绘画中常常用主观的"空间概念"去描绘物体，他们在表现形象时，常从自己的想法出发，把从视觉上看不到的部分像X光透视一样地表现出来。对儿童来讲这是认识上的重要发现，他们要突出自己所知道的，而不是所看到的，因此便出现了这样的表现：透过墙面看到房间里的家具摆设；透过地面看到地底下蚂蚁们在搬运粮食；透过动物妈妈的肚子看到肚子里的小宝宝……这是幼儿在立体空间尚未形成之前表现空间关系的一种独特的方法。

民间艺术家也常常用这种舍表求里、突破透视规律局限、抛开自然对象空间的方法进行创作。例如，图导言-2中的农民画，表现了陕北农民的日常生活，在户外，农民伯伯正在犁地，窑洞内，老奶奶正坐在炕上纺线，这样的处理方法类似于儿童透明式的表现，透过窑洞的墙可以看到里面的老奶奶、小花猫以及屋里的摆设。

图导言-2

3. 求全性表现

曾经有人说过："儿童画画，并不是画他（她）所看到的，而是画他（她）所知道的。"此话

不假,幼儿在绘画时,常常要把自己知道的都呈现出来,即使自己并没有看到。例如画人物或动物形象,无论是正面还是侧面,都将其手脚、眼耳一并展现在画面上。有些人物或动物其身体是侧面的,但面部却是以正面的形式出现,为的是强调整体的完善。

民间美术造型中也崇尚圆满、完整,追求美满团圆。在追求完美造型的过程中,常常出现合情而不合理的人物造型。例如,图导言-3的剪纸作品中,这只猪非常具有装饰性,头上、身上有装饰性的花朵,表现的虽然是侧面的猪,但是猪的两个鼻孔、两只耳朵和四条腿都完整地呈现了出来。在民间艺人的创作观念中,无论是人还是动物都要塑造成完整、浑圆、敦实的形象,而且无论正面或是侧面,五官、四肢都要表现出来。他们常常不注重从科学的透视、比例等方面如实地表现,而是习惯于将自己观察、分析、想象并创造的形象描绘出来。

图导言-3

(二)色彩表达

民间美术的色彩呈现出独具特色的艺术特征,一般以明快艳丽为主色,形成对比鲜明的效果。民间美术的色彩赋色法大多以口诀或是顺口溜的形式传承,例如:"红要红得鲜,绿要绿得娇,白要白得净。""红忌紫,黄爱绿,绿喜红。"民间艺人对色彩的把握主观性较强,以直觉和个人情感而定,经常可以见到各种原色的搭配,尤其是纯度较高的补色,如红配绿、黑配红、蓝配白等,这些色彩并置的效果强烈而明确,非常具有视觉刺激性和情感上的张力。我国民间美术用色富于情感的表达,有随心而至的特点,与幼儿在色彩上的表现特点不谋而合。

象征期的幼儿开始选择自己喜欢的颜色来表现物体,五颜六色是这一时期作品中色彩的典型特点,他们喜欢选择饱和度较高的红、黄、蓝、绿等色进行填色,如用绿色来涂树叶,红色涂太阳,蓝色涂天空。之后逐渐地能用某种颜色统一画面,形成主色调。例如画"过新年"时,幼儿大面积地使用红色,形成暖调,突出渲染过年的热烈气氛。同时,幼儿开始用色彩表达自己的情感。例如:用绿色表现感冒时候的脸,用红色表现生气时候的脸;用红色表现夏天的炎热,用绿色表现春天的春意,用黄色表现秋天的丰收,用白色表现冬天的寒冷。

(三)空间处理

民间美术中的空间处理不是运用透视方法客观地表现各类事物和人物,而是呈现出平面化、主观化的特点。例如皮影人物的头部是侧面的,身体是正面的,手和脚又是侧面的,甚至正面与侧面混为一体,这种方法在民间美术中非常常见,就像从人物四周环视后把从不同角度看到的人物形象叠加在一起,然后放到同一个空间中。儿童画中也有类似的现象,幼儿全方位地环视观察,从多个角度去展示物体的整体形态,是一种主观空间的表现。幼儿将三度物体呈现在二度空间的纸上,其方法与民间美术中的表现有着相似之处。

儿童在描绘物体时总是从已有的知识经验出发,用自己的认识代替直觉,作画时的视点不断游走。因此,儿童会将从不同视角看到的不同物体在一张画面中呈现出来。例如,一家人围着桌子吃饭,画面上的人一个个都"躺"在地上,呈放射状,桌子上的一盆盆菜由上往下俯瞰,桌边的人则一个个局部垂直于所在的桌面,因此,画面给人感觉非常奇怪。

民间艺术家也常用展开式的方法进行表现。例如,图导言-4描绘的是制作豆腐的场景,画面呈现了从不同角度看到的内容:豆腐从磨成豆浆、过滤、煮豆浆、点卤后压榨成型。画面中盛放黄豆的缸子、水缸、石磨、锅盖、压榨的用具等呈现的是俯瞰的角度,买豆腐的人是正面的角度,整个画面的视点不断游走,不同方向看到的内容在同一张画面上展开。上述画面的处理方法和幼儿展开式的表现是一样的。又如,图导言-5描绘的是人们在舞狮的欢乐场景,画中的人物是正面的角度,狮子身上却集合了不同的角度,头部和身体是俯瞰的,四条腿是正面的角度,同时为了求全,狮子的四条腿没有相互遮挡,全部都画了出来。

图导言-4

图导言-5

二、实施民间美术教育的价值

民间美术与儿童美术都带有原始意味,蕴含着稚拙、夸张、质朴、强烈等艺术语言特征。因此,把民间美术的独特表现形式通过合适的方式让幼儿了解、体验,并让幼儿用自己的方式表现,对我国博大精深的民间美术的延续和发展有着重要的价值。

(一)有利于幼儿感受非物质文化遗产的独特魅力

根据联合国教科文组织通过的《保护非物质文化遗产公约》中的定义,非物质文化遗产是指被各社区、群体,有时是个人,视为其文化遗产组成部分的各种社会实践、观念表达、表现形式、知识、技能以及相关的工具、实物、手工艺品和文化场所。我国各族人民在长期生产生活实践中创造了丰富多彩的非物质文化遗产,它们蕴含着中华民族特有的精神价值、思维方式、想象力,体现了中华民族的生命力和创造力,是中华民族智慧的结晶,也是全人类文明的瑰宝。

民间美术的各个门类,涵盖了非物质文化遗产中的方方面面,从一年之初到岁末的许多岁时节令充实着人们的生活,给广大劳动者带来巨大的精神享受。伴随着这些岁时节令产生了丰富的民间风俗活动,如元宵节闹花灯、端午节赛龙舟,春节贴春联、剪窗花等。在这些节日里更少不了民间美术的展现,年画、风筝、剪纸、皮影、戏剧脸谱等,都是以喜庆吉祥、平安如意、祈求丰收为主要表现内容。

我们将非遗元素融入民间美术活动中。例如,我们设计了很多与非遗相关的民间美术教育活动,如壮族织锦、泥塑、剪纸、京剧脸谱、年画、唐三彩、傩戏面具、皮影戏等,让幼儿在欣赏和了解中获得民族自豪感,也提升了幼儿学习非物质文化遗产的兴趣。通过活动,可以让非遗文化从小根植于幼儿心灵,同时,也增强幼儿对非物质文化遗产的认知和保护它们的意识。

(二)有利于幼儿了解本土文化

民间美术与幼儿的实际生活紧密相连,有利于幼儿了解本地的风土人情和文化。例如金山农民画、石库门建筑、旗袍及其盘扣等是上海的孩子们所熟悉的,而四合院、故宫、兔儿爷、京剧脸谱等则是北京的孩子们经常看到的。让幼儿学习本土民间美术文化,有助于促进他们更好地感受本土文化,探索当地民间美术的艺术风格。让幼儿了解本土的民间美术,可以引导幼儿爱护家乡的优秀传统文化,关注自己家乡的民间美术文化遗产,激发幼儿热爱家乡之情。通过学习,有利于将传统文化的种子根植于孩子们幼小的心田,使之熟悉、知晓、热爱本土传统文化。

(三)有利于提升幼儿审美能力

民间美术饱含强烈的文化观念和民间审美观念,使民间美术审美创造具有了鲜明的特征。民间美术作品在视觉上讲究色彩和造型的美感,体现着独特的美学意蕴。不同类型的民间美术作品有着不同的艺术魅力。如织锦图案在色彩上的对比以及不同图案的重复排列,给予观赏者节奏感和韵律美;又如河南淮阳泥泥狗强烈的五色对比以及点、线、不同图形的排列,让泥泥狗显得神秘而富有装饰性。民间美术为幼儿提供了这样一种独特的文化情境来学习美术,让他们在学习绘画与制作技巧的同时,也感受到民间淳朴的智慧,并积累审美表象和文化感受。原汁原味的民间美术在培养幼儿良好的审美情趣上具有无与伦比的优势。

(四)有利于发展幼儿的想象力和创造力

美术教育的目的是激发幼儿的自我意识,培养幼儿的创造性思维,提升他们的想象力。民间艺术家在创作时,往往不受物体具体形象的约束,总是想尽办法把客观事物中的形象变异、夸张、概括,使之表现出一种特定的视觉效果,因此他们所描绘的物体有时是现实中不存在的,如门神、龙、麒麟、泥泥狗、兔儿爷等,这些独特的形象可以引发幼儿丰富的想象。通过欣赏各类民间美术作品,幼儿将充分吸收民间美术中蕴含的智慧,从而获得进一步创作的灵感。幼儿在欣赏、感受、体验、操作、创造的过程中,融合了主观的想象、自由的表现、情感的抒发,在看看、想想、做做、玩玩之中,想象力、创造力得到进一步的提升。

三、民间美术资源的筛选

挖掘适合幼儿的民间美术资源,是开展民间美术教育活动的关键所在。中国民间美术资源丰富,但是并非所有的内容都适合幼儿,有的具有封建迷信的色彩,有的好看但难以动手操作。所以,教师在选择具体的资源时,还要以幼儿的兴趣、身心发展的需要为出发点,结合幼儿的生活经验,考虑资源的民俗性、差异性、多样性、适宜性。

(一)结合民俗

"从某种意义上说,民俗活动是民间美术赖以生存和发展的基础;同时,民间美术的内容与形式又充分反映了民间风俗的各种事象。"[①]甚至可以这样理解,如果脱离民俗,很多民间美术的艺术形式就很难清楚阐释。例如,按照传统习俗,每到春节前夕,家家户户便忙碌起来,写春联、贴对联和门神以祈福来年,所以教师可以结合春节的民俗,让幼儿画门神、做灯笼、剪窗花、设计唐装等,所有这些都与民俗活动紧密相连。在学习民间美术的同时,也让幼儿了解了中国的民俗文化和节日习俗。

民间美术来源于民俗活动,例如民间美术中的万字、寿纹、喜鹊登枝、五蝠捧寿等吉祥图案、吉祥字,都是在特定的民俗活动中民俗心理的反映。有的民间美术作品中的装饰图案,如常见的十二生肖、老鼠娶亲等内容,不仅反映了劳动人民的祈福心理,也将他们对生活、对世事的喜怒哀乐融入其中。因此,教师在选择民间美术资源时可以将它们与民俗活动相结合。

(二)体现差异

民间美术资源的选择应涵盖不同内容、不同风格和不同地域的民间美术作品,这样可以帮助幼儿认识我国各民族丰富多彩的民间美术样式与地域文化特点。俗话说,一方水土养一方人。不同地域的社会历史、自然地理环境、文化生态、生产生活方式、习俗信仰等都影响着民间美术文化特征的形成。民间美术建立在地域社会文化基础之上,因为地理、气候、物产等自然因素的差异,劳动者在需求上的差异,以及观念、方式、技艺等主观因素的不同,使得创造出来的民间美术有着明显的地域特征。我们从丰富多彩的民间美术作品中可以看到各地民间风俗及民族历史发展的足迹。例如,年画是中国特有的一种绘画载体,不同地方的年画具有不同的风格:江苏桃花坞年画以阳刻套色为特点,线条洗练,善用粉红、粉绿等色彩,并在鲜艳中带有典雅明丽的风采;天津杨柳青年画印制精细,题材丰富,样式多变,追求细腻的绘画效果,形象秀美生动,色彩鲜艳,明快谐调;河北武强年画富有装饰性,线条粗犷、奔放,色彩浓艳。年画内容通俗有趣,风格红火强烈。因此,教师在选择民间美术资源时,可以优先选择具有当地特色的民间美术作品,在此基础上再进行拓展,从而丰富幼儿对不同风格的民间美术作品的感知与体验。

(三)适合幼儿

根据幼儿年龄和审美感受性的特点选择适合幼儿欣赏水平的民间美术资源,是取得良好教育效果的前提。民间美术资源种类非常丰富,但是有些民间美术由于存在一些局限性,不适合作为幼儿欣赏的内容。例如,在皮影剧目中,宗教故事和神话传说占有相当大的比重,但是皮影戏是中国传统民间艺术,是人类非物质文化遗产代表作,有必要让幼儿了解。因此,教师可以结合幼儿的年龄特点,将活动重点落在对皮影作品的欣赏上,并在此基础上,引导幼儿欣赏《西游记》等幼儿较为熟悉的皮影剧目片段,还可以尝试制作皮

---

① 赵鲁宁,李子.中国民间美术[M].西安:电子科技大学出版社,2018:18.

影,让幼儿在看看、想想、做做、玩玩的过程中获得对皮影及皮影戏的了解。

选择民间美术资源时,教师可以结合地方特色,根据不同年龄段幼儿的美术能力发展水平,抓住不同民间美术作品的特点,将适合幼儿欣赏和体验的民间美术作品融入幼儿美术教育活动中,让幼儿在丰富而多元的艺术熏陶中,潜移默化地感受民间美术的独特魅力。

(四)便于操作

民间美术作品极具生活气息,与我们的生活息息相关,无论是住房、食品、生活用具、服饰、玩具等都有民间美术的影子,它们是儿童身边能够看得到、摸得到、接触得到的作品。教师应利用身边多样的民间美术作品进行审美教育,这样更容易激发幼儿学习和欣赏的兴趣。正因为民间美术融于我们的生活中,和幼儿的生活经验联系密切,更有利于幼儿观察、感知、体验,甚至是表达和表现。例如,扇子是幼儿生活中常见的、熟悉的物品,教师可以引导幼儿欣赏不同形状的扇面画,让幼儿感受随纸施技、随形布势的精妙与独特之处,并尝试在扇面上作画。

四、民间美术分类

由于民间美术的品类丰富多彩,形式多种多样,其分类十分复杂。因为角度、考量的标准的不同以及性质、功能的差异,民间美术的分类结果也多种多样。本书的分类是在参考相关学者、民艺学家分类的基础上,根据民间美术在学前儿童美术教育中运用的实际情况以及幼儿美术发展的年龄特点,从艺术形态进行分类,一般将中国民间美术按照艺术传统的分类方法分为绘画、雕塑、工艺、建筑四大类,并形成新的概念:民间绘画、民间工艺、民间雕塑、传统建筑[①]。

(一)民间绘画

悠久的中华传统艺术滋养了一批散落在民间的画家,他们受到织绣、剪纸、木雕等工艺的启发,传承了原生态民族民间艺术,以其自由夸张、色彩艳丽的形式和大胆泼辣的手法,表现出纯朴、自然、率真和坦诚的风格,在美术领域独树一帜,具有重大的历史文化价值,是中华文化的"活化石"。其中包括版画、年画、扇面画、糖画、农民画、壁画、风俗画等。因为民间绘画与幼儿的绘画表现特征有着异曲同工之妙,因此,幼儿可以更好地感受作品中散发出的浓郁的生活气息、鲜明的民族特色、劳动人民的美好愿望以及独特的审美趣味,从而充分体验民间绘画朴素、稚拙、生动的特征。另外,民间绘画的种类繁多,欣赏和感受不同类型的民间绘画,可以丰富幼儿绘画的表现形式,并将不同的表现手法运用于自己的作品中。

(二)民间工艺

1. 民间剪纸

民间剪纸是最普及、最简便、最经济的民间艺术。剪纸主要表现人们对理想和愿望的追求,以及祥瑞的题材,大部分内容都是求生、富贵、吉祥、辟邪等,是人生的现实寄托,用一种寓意性的物体来表现这种理想。这种寓意、象征、符号性的表现手法是中国民间文化

[①] 王彦发. 中国民间美术概论[M]. 郑州:海燕出版社,2011:5.

特有的产物。谐音寓意是剪纸图案大全中最常见的形式,它利用字的谐音,运用动物、花鸟、鱼虫等图案造型来表达美好的夙愿,以求得吉祥顺达。剪纸艺术分为单色剪纸和彩色剪纸,单色剪纸以红色居多。不同地域的剪纸风格迥然不同。北方的剪纸艺术古朴随意、粗犷淳朴;南方的剪纸艺术华丽明快、精工细作。

2. 民间陶瓷

陶瓷是陶器和瓷器的总称,民间陶瓷既是生活日用品,也是工艺美术品。由于泥坯质料不同,才有了陶和瓷的区别。民间陶瓷是民间工匠根据本地区或附近地区民众日常生活需求和审美标准,利用当地的陶瓷原料,采用手工艺生产方式所烧造的,是具有浓郁的生活气息和地方传统艺术特征的陶瓷制品。民间陶瓷形式大方、朴素,器物造型线条流畅、饱满实用,具有和谐、自然的天成之美。这些器物既给人们的生活提供便利,又提高了审美趣味。

3. 民间服饰

中国素有"衣冠王国"之称,中国的服饰有五个方面的构成要素:质、形、色、饰、画。质是服装原料的性质,形是服装的样式,色是服装的色彩,饰是佩戴的饰物,画是服饰的花纹图案。通过相关的民间服饰方面的活动,可以让幼儿了解我国是一个多民族的国家,不同的民族,其服装的样式、配饰、色彩、花纹图案等都有独特的特点。结合幼儿的年龄特点,我们可以选择一些具有民间织造特色工艺的内容,如织锦图案的设计、旗袍盘扣的设计、满族的旗头、扎染工艺等,让幼儿感受独具匠心的中国民间美术亦是中国服饰设计取之不竭的灵感来源。

4. 民间玩具

民间玩具来源于民间、来源于生活,是劳动人民智慧的结晶,主要作用是娱乐,它是实用性与艺术性的结合,也是趣味性与审美性相统一的"小玩意"。民间玩具的种类很多,大都具有美的造型和装饰。它们不仅可以作为玩具,而且可以作为艺术品存在,其艺术品质朴素、清新、简约,富有鲜明的个人旨趣和地域特色。民间玩具在简单中浓缩着符合儿童心理的知性因素,使之具有极高的教育价值。从视觉、听觉上满足儿童的需求,引起儿童的好奇心、注意力和浓厚的兴趣。民间玩具也可以使儿童了解我国的传统文化习俗,从中不但能让幼儿欣赏到各种玩具的风格特点、制作工艺技巧,也能了解各地民情和百科常识。

5. 民间脸谱和面具

脸谱的产生有悠久的历史。脸谱起源于面具,脸谱将图形直接画在脸上,而面具把图形画在或铸在别的东西上面后再戴在脸上。在中国的古代祭祀活动中有巫舞和傩舞,舞者常戴面具。脸谱常与角色的性格关系密切,其图案非常丰富,不同部位的图案变化多端,有规律而无定论,特别是脸谱中的面纹和色彩勾绘精巧,富有图案美。而面具虽然浑厚、粗犷,但是雕刻精细、讲究色彩,拙朴的民间造型手法赋予面具以生命活力,令人叹为观止。脸谱和面具具有丰富的想象性和夸张性,能够带给幼儿视觉上的冲突,是传统民间文化艺术的瑰宝。

(三)民间雕塑

民间雕塑是中国文化中的瑰宝,它用石头、金属、木头、面、黏土等材料,经过雕、刻、塑等手段,制作成具有一定空间的可视、可触的艺术形象。民间雕塑的种类有铜雕、木雕、玉雕、面塑、陶瓷雕塑等。塑造艺术在中国起源很早,新石器时代中国的民间雕塑已经开始萌芽,特别是秦始皇陵兵马俑的发现,更表明中国塑造技艺达到的无与伦比的高度。纵观这千百个将士俑,无论是形神兼备的官兵形象,还是那栩栩如生的战马形象,都塑造得活跃、真实、富有生气。

民间广泛流行的泥玩具也是民间雕塑的一个分支,如无锡惠山泥人、陕西凤翔彩绘泥塑、河南泥塑等都比较具有代表性。欣赏各种类型的民间雕塑,可以让幼儿看到勤劳而智慧的劳动人民凭借自己的一双巧手,将丰富的自然资源变成各种富有感情的人物、生机勃勃的植物和栩栩如生的动物。

(四)传统建筑

中国传统建筑具有悠久的历史传统和光辉的成就,在世界建筑史上自成系统,独树一帜,是中国灿烂文化的重要组成部分,也是一种可供幼儿观赏的艺术,可以给幼儿以美的享受。建筑不仅仅是技术科学,而且是一种艺术。中国古代建筑经过长时期的努力,同时吸收了中国其他传统艺术,特别是绘画、雕刻、工艺美术等造型艺术的特点,创造了丰富多彩的艺术形象。

传统建筑中的屋顶非常富有装饰性。由于传统建筑中多为木结构,因此我国古代匠师充分运用木结构的特点,创造了屋顶举折和屋面起翘、出翘的技法,形成如鸟翼伸展的檐角和屋顶柔和优美的曲线。同时,屋脊的脊端都加上适当的雕饰,檐口的瓦片也加以装饰性的处理。宋代以后,又大量采用琉璃瓦,为屋顶加上颜色和光泽。

从建筑的色彩来看,北方建筑和南方建筑有着非常大的差异。红墙、红柱、黄瓦彩画、辉煌富丽,是北方皇家建筑的特点,这些建筑很善于运用鲜明色彩的对比与调和。房屋的主体部分,也即经常可以照到阳光的部分,一般用暖色,特别是用朱红色;房檐下的阴影部分,则用蓝绿相配的冷色。这样就更强调了阳光的温暖和阴影的阴凉,形成一种悦目的对比。朱红色门窗部分和蓝、绿色的檐下部分往往还加上金线和金点,蓝、绿之间也间以少数红点,使得建筑上的彩画图案显得更加活泼,增强了装饰效果。而南方的园林与江南水乡,往往是白墙黑柱青瓦,建筑多用白色的墙面、灰瓦和栗、黑、墨绿等色的梁柱,好似水墨写意。为了使建筑的色彩与南方山明水秀、四季常青的自然环境相调和,它使用的色彩就比较淡雅,形成秀丽淡雅的格调。

五、民间美术活动的组织与实施

虽然民间美术活动可以贯穿幼儿园的一日生活中,也可以出现在各种学前儿童美术教育活动中,但本书中的民间美术活动以集体教学活动(主题教学活动、系列活动)为主,辅以美术区角活动。以下将从集体教学中的民间美术活动和区角中的民间美术活动两个方面进行阐述。

(一)集体教学中的民间美术活动

根据学前儿童审美感受能力发展的特点,我们把集体教学中的民间美术活动分为以下几个环节:感知与欣赏、分析与体验、解释与评价、表现与创造、展示与分享。

1. 环节一：感知与欣赏

这一环节是教师提供民间美术的作品给幼儿欣赏,幼儿观看美术作品,然后教师鼓励幼儿用简短的话语大胆地表达自己的感受。幼儿通过观看,可以主动、积极地感知并加工民间美术中的各类信息,从而获得初步的美感体验。此时,幼儿对作品内容的把握还处于浅表层次上的感知、理解,因此,这一环节中,教师要提供给幼儿自由无涉地观看作品的时间,然后教师要鼓励幼儿大胆地表达自己的感受。幼儿表达的过程就是一个体验的过程,就是一个进一步感受和深入了解作品的过程。这一环节实施时,教师可以用各种方式导入,如生活经验回忆、实物、图片、视频等。

以青花瓷欣赏为例,在这一环节中,教师出示各种青花瓷器实物,如:瓶子、盘子、罐、壶、碗等,并提问:这些青花瓷器有哪些形状? 幼儿可以边观赏边交流。

这一环节的指导要点如下:

(1) 给予幼儿充分感知作品的时间。教师出示艺术作品后,不要急于让幼儿描述他们所看到的内容,而是要让他们静静地欣赏,然后再根据艺术作品的内容提问孩子们看到了些什么。对于幼儿在看到艺术作品第一眼时所表现出的欣喜、惊讶、惊呼等,教师应该表现出与幼儿一样的感受,而不是制止、阻拦幼儿的随意和不守规矩。当幼儿未能准确说出作品内容时,教师不能阻拦其表达,应鼓励幼儿尝试用表情、姿态、动作等来补充。

(2) 创设欣赏的情境,引发幼儿欣赏的兴趣。教师用什么方法呈现艺术作品,将影响到幼儿欣赏的效果。因此,教师应考虑用合适的方法呈现艺术作品,以引起幼儿欣赏的兴趣,如在欣赏青花瓷时,教师可以先让幼儿观赏之前收集的生活中的青花瓷器,也可以让幼儿观看视频中的青花瓷器,在观看的过程中了解青花瓷的器型是不同的,激发幼儿观赏的兴趣。

(3) 鼓励幼儿自由表达。教师必须给幼儿表达和交流的机会,让幼儿把自己对欣赏对象的感受用语言、肢体动作等表达出来。当孩子们描述自己看到的内容时,教师要耐心地倾听他们的描述,并让他们充分表达。当他们遇到一些作品并感到困惑时,教师可通过提问,如:"看看青花瓷上有些什么图案?""这些青花瓷是什么颜色的? 它给你什么样的感觉?"幼儿提供一些线索。

2. 环节二：分析与体验

这一环节中教师将引导幼儿一起探讨和体验民间美术作品中所表现的美术语言和原理,如造型、色彩、构图等美术语言,以及对称、均衡、变化、统一等构成原理的应用。通过对民间美术作品形式的分析,可以加深幼儿的审美体验。由于受到心理发展水平的限制,幼儿还不能把注意力集中在对象的形式和结构上面,但是在教师的引导下,幼儿可以逐步开始关注作品中的形式审美特征。

以青花瓷欣赏为例,在这一环节中,教师可以根据教学目标,引导幼儿感受青花瓷上不同的图案:"青花瓷上有些什么图案? 你知道工匠们为什么要画这些图案吗? 它代表什么意思呢?"通过教师的引导,幼儿可以了解青花瓷上有动物、植物、人物、山水等图案。常见的动物有龙、凤、大象、仙鹤、狮子、喜鹊等,植物有桂花、牡丹、莲花、荷花、梅花等,象征着吉祥,有着美好的寓意。其他图案还包括山水风景、神话故事等。同时,教师可以帮助幼儿了解青花瓷不同器型上图案装饰的部位是不同的。

这一环节的指导要点如下：

（1）教师要引导幼儿感知艺术作品中形式美的特征。教师首先要对各种艺术作品中的点、线、形、色等形式要素，作品所表现的美的形式如造型、色彩、构图，及其所表现的对称、均衡、节奏、韵律、变化等特征有一定的理解与欣赏能力，同时还要会用启发性的语言来引导幼儿感受作品中形式美的原理。

（2）教师可以通过游戏、多通道体验来引导幼儿认识民间美术作品中的艺术语言和形式美原理。例如：青花瓷图案中有许多两方连续或是四方连续的图案，教师可以通过拼图游戏让幼儿体验青花瓷图案装饰重复、连续的特点，加深对青花瓷图案装饰美的感知；也可以将完整的青花瓷图片分成几块，让幼儿拼完后说说自己拼的是什么形状的瓷器，上面有哪些花纹和图案；教师还可以根据幼儿不同发展水平，通过不同数量的拼图、不同形状的拼图来增加拼图的难度。

3. 环节三：解释与评价

这一环节主要是师幼探讨艺术作品的创作背景，解释作品所蕴含的内在意义和创作者的风格等，加深幼儿对作品的理解。同时，通过师幼共同观赏、分析和讨论，教师可以鼓励幼儿根据自己对作品所传达的信息的体验和理解，站在自己的角度对作品做出新的"诠释"和评价。

对于那些幼儿能够理解的作品，教师可根据作品的内容适当地介绍画家故事、作品的含义、产品的制作过程等，以帮助幼儿更好地感受作品。例如，青花瓷欣赏活动中，教师可以播放视频让幼儿了解青花瓷的烧制过程，也可以通过视频或实物让幼儿感受青花图案在现代日常生活中的运用。

在具体实施中，第二和第三环节可以合并，通过各种方法引导幼儿更为深入地感受民间美术作品，了解作品表现特点、制作过程以及呈现出的民间艺术美的原理，为后续的表现与创造做好准备。

这一环节的指导要点如下：

（1）教师对于作品的解释应基于幼儿的理解能力。不同时期的民间美术作品有其产生的时代背景，体现了社会文化的需求，教师应在充分了解作品创作背景的基础上，用幼儿可以理解的语言帮助其更深刻和更到位地理解作品。

（2）让幼儿自由解释对作品的理解。虽然教师在教学之前对作品的意义已经有了预期认知，但是这并不意味着幼儿必须无条件地接受。对于作品的理解，每个人的心中都有自己的答案，幼儿也不例外。因此，教师应该允许幼儿可以有自己的解释，且不受教师预期和创作者原有创作意图的限制，充分发挥自己的想象力和创造力，根据自己的体验来发表自己的见解。

（3）对幼儿来说，评价作品不是欣赏的重点，他们对作品的评价只是简单地说出自己喜欢或不喜欢这个作品的理由，或是说出对作品含义的某些理解。常言道"一千个观众就有一千个哈姆雷特"。由于儿童经验、认识能力有限，他们的看法在成人看来也许是十分可笑的，但只要是他们在对作品感知和体验基础上产生的，教师都应予以尊重和认可。教师可作一些适当的提示或补充，但切不可轻易地将自己的观点强加于儿童。

4. 环节四：表现与创造

欣赏后的创作与一般的美术创作稍有不同，它既尊重幼儿的意愿，给幼儿提供充分的自由度，也鼓励幼儿把欣赏的经验结合进来，或学习、借鉴民间艺术家的作画方式和表现手法，或用自己的绘画语言描绘作品所表现、传达的情感等。例如，欣赏了青花瓷以后，幼儿可以用各种方式设计和表现青花瓷（见图导言-6—图导言-9）。

图导言-6

图导言-7

图导言-8

图导言-9

上述作品中既有幼儿运用所学的图案装饰原理设计的各类器型的青花瓷，也有运用青花元素尝试设计的日常生活用品，幼儿可以感受到青花瓷就在我们的身边，就在日常用品的设计中。

这一环节指导的要点如下：

（1）提供幼儿丰富并具有表现力的工具和材料。丰富多样的工具和材料可以有利于幼儿将自己对作品的感受通过不同的媒材表现出来。例如，幼儿欣赏了各种青花瓷后，教师可以提供铅画纸、卡纸、色纸、炫彩棒、色粉笔、记号笔、废旧的瓶子等各种不同的工具和材料，幼儿运用这些工具和材料表现出各具特色的青花瓷以及用青花元素装饰的各种生活用品，如笔筒、环保袋、纸伞等。

（2）鼓励幼儿进行创作和表现。生活中的住房、食品、生活用具、服饰、玩具等方面都有民间美术的影子，民间美术融入我们生活的方方面面，为生活增添了很多的乐趣。因此，教师可以鼓励幼儿尝试各种设计与创造。例如，幼儿欣赏了青花瓷后，教师可以提出开放性的问题："刚才我们欣赏了各种器型的青花瓷，你想不想用蓝白色创造出属于自己的青花瓷呢？"又如："如果让你用青花瓷的图案来设计一样生活中的物品，你会设计出什么样的物品呢？"让幼儿在欣赏、体验的基础上用自己独特的方式来表现青花瓷的美。

5. 环节五：展示与分享

当幼儿完成作品后，教师可以将幼儿的作品贴在展示板上，让全班幼儿一起分享与交流。有效的活动评价能起到画龙点睛的作用。所以，教师要注重美术活动的评价环节，精心准备、细心发现、用心评价，促进活动积极有效开展。

这一环节指导的要点如下：

（1）结合作品的内容，教师可以用不同的方式呈现，让幼儿更好地体会作品所带来的不同呈现效果。例如，幼儿表现的九色鹿，教师可以用敦煌壁画的颜色来描绘背景，这样可以使幼儿更好地感受壁画的效果。又如，幼儿设计了满族的旗头后，可以戴在自己的头上，并在故宫背景图前留张影，增加体验感。

（2）对于一些生活化的、趣味性强的幼儿作品，教师可以通过情境和游戏的形式进行展示，比如幼儿设计的风筝，教师可以带他们到户外去放飞。幼儿设计的面具可以让他们戴上和着音乐一起跳舞。

（3）在展示作品的同时，教师还应对作品进行评价。可采用幼儿自评、幼儿互评、教师点评等多种形式。教师可以请幼儿对自己的作品进行评价，介绍一下作品的内容、自己的作品与别人不同的地方。幼儿也可以对同伴的作品进行评价，说一说最喜欢哪幅作品或是作品中的哪个部分，说明喜欢的理由。

需要说明的是，集体教学中的民间美术活动可以作为主题活动的一个部分，即围绕某一教学活动主题，把相应的民间美术活动穿插进去。例如，"我是中国人"的主题教学活动中有一个"多彩的民间活动"，教师可以融入相关的民间美术素材：虎头鞋、泥泥狗、年画、兔儿爷、十二生肖等。又如在开展主题活动"老房子，新建筑"时，教师可以将与该主题相关的活动，如"千年瓦当""凌空展翅的飞檐""大门上的怪兽铺首""中西合璧的石库门"等，纳入到该主题中。

另外，还可以将相关的民间美术活动集合起来成为一个系列，融入主题活动中，进一步丰富幼儿关于该民间美术形式的相关经验。例如，在系列活动"青花"中，第一阶段，教师让幼儿和家长一起收集各种青花瓷，并带到幼儿园里来布置成青花瓷展。第二阶段，引导幼儿欣赏并了解青花瓷的不同器型、不同图案以及不同器型上图案的装饰位置和排列规律，并尝试用版画、刮画、写生以及装饰等方法表现青花瓷。第三阶段，在了解青花图案与色彩特点的基础上，引导幼儿将青花运用于生活用品的设计，如设计青花笔筒、青花 T 恤衫、青花拎包等。

（二）区角中的民间美术教育活动

区角活动是教师通过有目的、有计划地投放各种材料，创设活动环境，让幼儿在宽松和谐的环境中，按照自己的能力和意愿，自主地选择学习内容和活动伙伴，主动地探索与交往,从而使其获得个性化发展的一种活动形式。区角中的民间美术活动以幼儿的兴趣和需要为导向,通过让幼儿自主选择,充分利用丰富的美术环境和材料,以幼儿生成为主的方式进行活动。在活动过程中,幼儿充分发挥想象力和创造力,积极探索,自由地表达和表现。

1. 区角中民间美术教育活动的目标

区角中的民间美术教育活动的目标比较宽泛,强调的是幼儿的体验,通过活动丰富幼儿对民间美术作品的感受,它并不要求幼儿在一次活动中就能够实现,而是允许幼儿根据自己的学习水平和能力安排适宜的学习速度。而教师也需要在观察幼儿操作和探索水平的基础上及时地、不断地调整目标,以促进幼儿对民间美术作品的欣赏、体验和表达。

2. 区角中民间美术教育活动的内容

区角中的民间美术教育活动内容主要是围绕着幼儿园的活动主题或是与民间美术相关的集体教学活动展开的。一方面区角中的民间美术教育活动的内容要满足不同美术发展水平幼儿的需要。例如,在"百变风筝"活动中,水平较低的幼儿可以模仿教师提供的风筝图案,能力较强的幼儿则可以画出自己喜爱的图案。另一方面也要关注幼儿在美术区角中的可持续发展。例如,要提升幼儿使用剪刀的能力,那么在不同的区角活动中,教师可以关注幼儿使用剪刀完成作品的情况,通过简单地剪直线、弧线,到沿着轮廓线剪,再到目测剪。

区角中的民间美术教育活动内容既可以是教师预设,也可以由幼儿自主生成,还可以是专门的民间美术教学活动的预备、延伸和拓展。活动过程中,幼儿可以独立完成,也可以合作完成。

3. 区角中民间美术教育活动的实施

区角中的民间美术教育活动的实施涉及很多内容,如美术工具材料的投放、美术区角活动与其他活动区的整合、区角活动与主题的结合等,这里主要围绕区角中的民间美术教育活动作为集体教学活动的准备、延伸和拓展来阐述。

一是作为集体教学中民间美术教育活动的准备。有的民间美术教育活动中,幼儿事先要有经验或是技能上的准备,为后续民间美术的集体教学活动顺利进行打下基础。例如,在进行大班集体教学活动"美丽的壮锦"之前,为了让幼儿更好地了解和欣赏壮锦的纹样和色彩特点,感受图案的韵律感和配色的丰富多彩,在美术区角活动中,幼儿可以先尝试进行二方连续和四方连续的图案装饰,感受图案的重复所带来的韵律感,为之后的学习做好技能上的准备。又如,瓦当是中国古代建筑中特有的一种构建,造型千姿百态的瓦当是绘画、工艺和雕塑相结合的中国传统艺术,在"千年瓦当"的中班集体教学活动中,幼儿要用版画的形式来表现千年瓦当的古朴与稚拙,因此,在活动之前,教师可以将版画制作的工具材料等投放在美术区角中,让幼儿练习版画的制作,为后续更好地表现瓦当积累经验。

二是作为集体教学活动的延伸和拓展。区角中的民间美术活动还可以作为集体教学活动的延伸和拓展而持续地发挥重要的功能。例如,中班幼儿在集体教学活动中了解了蒙古包的基本结构和特点,感受到了蒙古族人民的智慧,在制作立体蒙古包的基础上,教师可以在活动结束后继续在区角中投放更多的材料,如各色手工纸、记号笔、炫彩棒等,让幼儿用多元化的方式来表现蒙古包。又如,在集体教学活动"盘扣"中,中班幼儿可以欣赏盘扣独具特色的造型并了解盘扣所蕴含的吉祥美好的寓意,在之后的区角活动中,教师可以继续投放材料,让幼儿进一步巩固用超轻黏土制作盘扣的技能,并将制作好的盘扣用来装饰自己设计的旗袍。这些区角活动让幼儿有机会进一步巩固在集体教学活动中学习到的技能。而且,因为集体教学活动的时间限制,区角中的民间美术活动为幼儿多元化的表达、表现提供了时间和条件。

将民间美术融进幼儿的美术学习和教育中,通过幼儿已有的经验,使其以主动、积极的建构方式重新认识民间美术,进一步发展幼儿对民间美术认同感,让可贵的民族文化和中国传统在幼儿身上得到内在的延续,根深才能蒂固。

第一篇
民间绘画

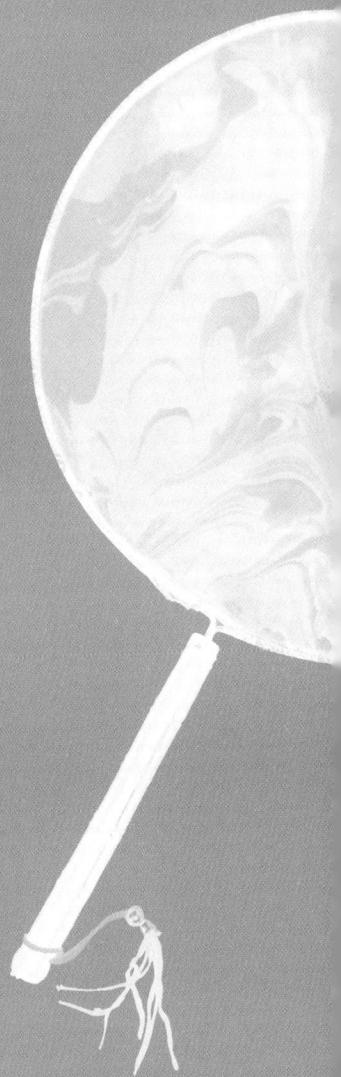

活动一 水拓团扇 小·班

活动说明

团扇是中国传统工艺品及艺术品,是一种圆形有柄的扇子,它代表着团圆友善和吉祥如意。本活动结合小班幼儿的年龄特点,基于对各种团扇的欣赏,引导幼儿运用好玩、有趣、变化多样的水拓画的制作方法装饰团扇,让幼儿在不经意间感受水拓后扇面花纹的变化。

活动目标

1. 欣赏团扇,知道团扇是中国的一种传统工艺品。
2. 了解水拓画的制作方法,体验制作水拓画的乐趣。

活动准备

PPT、托盘、画液、塑料棒、小勺子、滴管、团扇等。

活动过程

一、幼儿欣赏团扇,了解团扇的形状和寓意

1. 教师(出示团扇):这是什么? 可以用它干什么?(教师可以拿着团扇,让幼儿用手摸一摸,也可以给幼儿扇一扇,感受团扇在脸上扇风的感觉。)

小结:这是扇子,因为它形状圆圆的,我们也叫它团扇。团扇有扇面,还有一根长长的柄,在脸上扇风,有凉凉的感觉。

2. 教师(出示图 1-1-1、图 1-1-2):扇面上有什么?

图 1-1-1

图 1-1-2

小结：画面上有花朵、古代的人、假山和树木等。团扇除了圆形的，还有很多其他的形状，如长方形、梅花形、多边形等。因为团扇大多数都是圆圆的，所以它有着吉祥如意的寓意。

二、欣赏水拓画，感受水拓画的独特画面

教师（出示图1-1-3、图1-1-4）：这些画上有什么颜色？

图1-1-3

图1-1-4

小结：每张画上都有好看的颜色，有蓝色、黄色、白色，有的颜料流淌成细细长长的线条，有的流淌成弯弯曲曲的弧线。那么这些颜色是怎么变出来的呢？

三、认识水拓画，了解水拓画的制作过程

1. 教师（出示素面团扇）：刚才我们看到那么多好看的颜色，你想不想把它们印到团扇上呢？接下来，我们就来变个魔术！

2. 教师：我们先请颜料到水上跳舞（请一位小朋友将颜料滴在水盆里），还要选个小道具来帮忙，看看会有什么变化呢？

小结：颜料在水面上跳舞了，一会儿用"脚趾"在水面上点一点，一会儿在水面上跳跃，它可以跳直线舞、弯弯舞、圈圈舞等。

3. 教师：舞蹈结束了，现在是见证奇迹的时刻（再请一位小朋友把扇子放在水面上，然后提起来），你们发现了什么？

小结：原来只要把扇子平平地、轻轻地放在水面上，水面上好看的花纹马上就会被吸到扇子上，变成一把好看的团扇。

四、幼儿操作，教师巡回指导

1. 教师：这里还有好多没有颜色的扇子呢，我们一起来变魔术，把它们变得更好看。
2. 幼儿操作，教师指导。
（1）先将颜料轻轻地滴到水盆里，可以尝试叠加不同颜料。
（2）借助小工具在水面上画画，边画边观察颜料的变化。

（3）提醒幼儿轻轻地、平平地把扇子放在水面上，注意不能浸到水里，等颜料都吸附到扇面上后便取出，并晾干。

五、展示作品，分享交流

教师展示幼儿作品，幼儿互相欣赏。教师：小小魔术师们真厉害，每一把扇子上的图案都不一样。

幼儿作品

作品1

作品2

作品3

作品4

活动建议

1. 幼儿在操作过程中，特别是将团扇平放在水面上的动作，对小班幼儿来说有点困难，此时需要教师的帮助。

2. 活动结束后，教师可以在美术区角中投放不同形状的团扇和材料，让幼儿继续操作，引导幼儿发现颜料滴入水中后的变化，感受这种不可预期的美。

3. 操作熟练以后,教师可以投放更多的颜料。除了将颜料拓印在团扇上,还可以拓印在折扇上。

上海市黄浦区思南新天地幼儿园　俞润玉

活动二　扇面画　中班

活动说明

扇面画是中国历史悠久的传统艺术作品。历代书画家都喜欢在扇面上绘画或书写以抒情达意,或是送给友人留作纪念。扇面画是中国丰富艺术形式中的一个特殊类别,在扇面上写书作画,是中国乃至世界艺术中的一个独特现象。通过让幼儿欣赏扇面画,可以使其感受随纸施技、随形布势的精妙与独特之处。

活动目标

1. 欣赏扇面中画家的精思巧构、笔墨技艺,感受扇面画的独特艺术效果。
2. 尝试在扇面上进行装饰,体验扇面画的乐趣。

活动准备

课件、各种形状的扇面、团扇、炫彩棒、超轻黏土、粘纸、干花、胶棒、毛笔、水。

活动过程

一、猜谜语,引起幼儿对扇子的兴趣

1. 教师:小朋友们,先来听一个谜语,猜猜是什么。一件东西生得怪,轻薄像片小云彩,烈日炎炎不用愁,摇来清风人人爱。(扇子)
2. 教师:我们平时看到各种各样的扇子,扇子上面还有好看的画面。下面我们一起来欣赏一下扇子上的图画吧。

二、欣赏扇面画,感受其独特的艺术之美

1. 教师(出示图 1 - 2 - 1、图 1 - 2 - 2):这是折扇画,我们来看看上面画了什么。

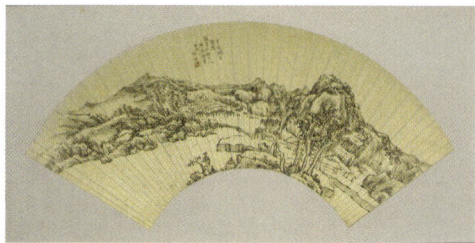

图1-2-1

图1-2-2

小结：扇面上画有山水、树木、花草和小鸟。

2. 教师：你觉得折扇画和你们平时的画有什么不同？

小结：平时我们在长方形的纸上画画，而折扇画的纸上宽下窄，狭长而弯曲，纸的材质也比较特殊，画面又小。画家需要依照扇面的形状来画，这就对他们提出了很高的要求。

3. 教师（出示图1-2-3、图1-2-4）提问：这些扇子的形状有什么不同？

图1-2-3

图1-2-4

小结：这是团扇，有圆形、椭圆形、多边形等。

4. 教师：团扇上面画了些什么？

小结：扇面上有花鸟、树木、人物、文字等，可以根据需要画上各种各样的内容。

三、幼儿操作，教师巡回指导

1. 教师（出示各种扇子）：老师带来了各种形状的团扇，请你选择自己喜欢的扇形来画，画好以后可以送给自己的朋友。

2. 教师（出示各种材料）：老师还为大家准备了各种粘纸、干花、超轻黏土等，你可以在画好以后用这些材料进行装饰，让自己的扇面画变得更加漂亮。

3. 幼儿创作，教师巡回指导。

（1）鼓励幼儿在不同形状的团扇上画画，注意根据扇子形状来作画。

（2）引导幼儿在画好的扇面上用各种材料进行装饰，以丰富画面效果。

四、展示幼儿作品，幼儿相互欣赏和交流

1. 教师播放音乐，幼儿手执团扇走秀。

2. 幼儿相互赠送团扇。

幼儿作品

作品 1

作品 2

作品 3

作品 4

作品 5

作品 6

活动建议

1. 活动之前，教师可以将各种形状的扇面画放在区角中供幼儿欣赏，引导幼儿初步了解扇面画，为集体教学活动积累认知上的经验。

2. 活动结束后，教师提供各种形状的团扇和汉服，幼儿画完后可以穿上汉服，手执团扇，体验不一样的古风装扮（见图1-2-5、图1-2-6）。

图1-2-5

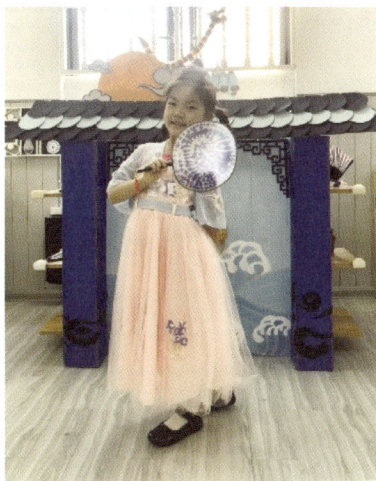

图1-2-6

华东师范大学教育学部　林　琳
上海市黄浦区思南新天地幼儿园　丁忆莲

活动三

活动说明

晶莹剔透的糖画　大班

糖画是一种传统的民间画种，它是以糖做成的画，亦糖亦画，可观可食。糖画分为平面糖画与立体糖画两种。糖画题材多样，民间艺人在造型上多施以饱满、匀称的线条，从而形成了独有的风格样式。活动中，幼儿在欣赏不同类型糖画艺术的基础上，进一步了解糖画的制作技艺，并尝试运用富有立体感的线条表现自己喜欢的糖画。

活动目标

1. 感受糖画中线条变化带来的图案美,激发幼儿了解糖画制作的兴趣。
2. 尝试用特别的材料(修正液)绘画,通过不同的线条组合创意表现糖画。

活动准备

糖画制作视频、各种简单图案图示、黑色卡纸、修正液、金色丙烯颜料。

活动过程

一、幼儿品尝糖画,引发兴趣

1. 教师(出示糖画):这是什么? 你吃过吗? 它是什么味道的?(教师将糖画分给幼儿品尝,并说说糖画的味道。)

2. 小结:小朋友刚刚吃的是糖画,用糖来做成画,可以欣赏也可以食用。

二、了解糖画的故事和制作过程,感受糖画的魅力

1. 教师:关于糖画,有一个生动有趣的民间故事。(教师讲述故事,见附"糖画的民间故事"。)

2. 教师:原来糖画从唐代的时候就有了,至今已有一千多年的历史。那么糖画是怎么做出来的呢? 我们一起来看一下视频吧。

3. 教师播放糖画制作视频①,幼儿了解糖画制作的步骤。

小结:做糖画的人,画稿全在他的头脑里。做糖画必须胸有成竹,要趁热一气呵成。随着缕缕糖丝的飘洒,十二生肖、神话故事人物、花鸟鱼虫、飞禽走兽,都栩栩如生地呈现在你面前,再趁热粘上一根竹签,便大功告成。

4. 教师(出示图1-3-1、图1-3-2):糖画的线条看上去怎么样? 糖画给你什么样的感觉?

图1-3-1

图1-3-2

① 视频链接:https://haokan.baidu.com/v? pd＝wisenatural&vid＝7326503515019156036。

小结:糖画的内容丰富多彩,你想到的都可以画出来。这些糖画由不同线条连接而成,线条非常饱满、匀称。对着阳光凝望,糖画晶莹剔透,活灵活现,给人以美的享受。

5. 教师(出示图1-3-3):除了平面糖画,还有立体糖画,对制作的要求也更高。

图1-3-3

三、幼儿操作,教师巡回指导

1. 教师:糖画那么美,我们也来制作一幅属于自己的糖画吧。

2. 师幼共同商量糖画的制作方法。

(1) 幼儿要先想好制作什么糖画,是动物、花卉、生活用品,还是卡通人物。

(2) 用笔在黑色卡纸上画好物体的轮廓图,不要太复杂,注意线与线的连接。

(3) 拿修正液沿着画好的轮廓线慢慢地挤出来,注意线条的匀称。

(4) 在修正液上再用金色丙烯颜料描摹,完成后将作品晾干。

四、幼儿展示作品,欣赏交流

教师提问,启发幼儿玩卖糖画游戏:你想买哪幅糖画,请说说你的理由。

小结:尽管现在从事糖画工作的人数较过去有所下降,但是如今,糖画逐渐又得到了越来越多人的认可和关注,一些糖画艺人先后在国内各大城市及日本、德国、西班牙、新加坡等地作糖画表演,受到人们的喜爱。

幼儿作品

作品1

作品2

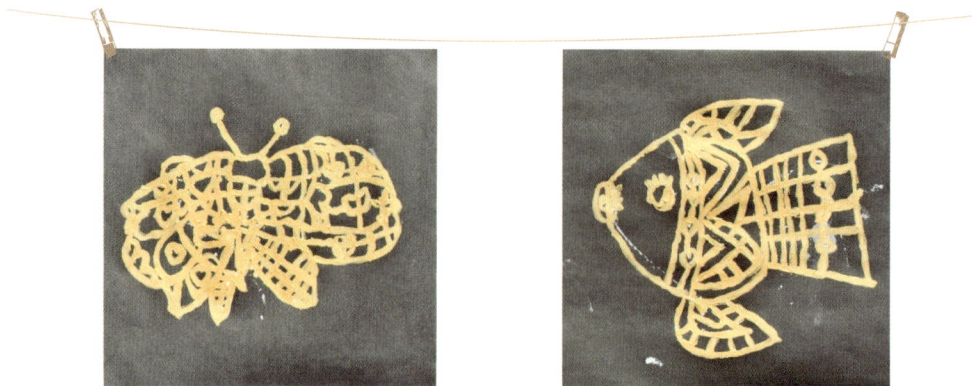

作品 3　　　　　　　　　　　　　作品 4

❂ 活动建议

1. 幼儿操作过程中,教师可以在桌上放置一些简笔画图片供幼儿参考。

2. 活动结束后,教师可以将工具和材料继续投放于美术区角中,让幼儿制作更多的糖画。

附:糖画的民间故事①

相传唐代的时候,四川有个叫陈子昂的诗人很喜欢吃黄糖,不过他的吃法却与众不同。他先将糖溶化,在清洁光滑的桌面上做成各种小动物及花卉图案,待糖凝固后拿在手上,一边赏玩一边食用,他觉得非常有趣。

后来陈子昂到了京城长安游学求官,在闲暇时,便用从家乡带去的黄糖制作糖画。有一天,陈子昂正在赏玩自己的糖画时,宫中的小太子路过,小太子看见陈子昂手中的小动物,便吵着要,于是陈子昂便让他带了几个糖画回宫。谁知回宫后小太子将糖吃完了,哭着吵着还要,惊动了皇上。皇上知道原因后,立即将陈子昂召进宫去,并要他当场表演。小太子吃了糖画后破涕为笑。皇上心中一高兴,脱口说出"糖饼"两字,这就是"糖饼"这一名称的由来。

后来,陈子昂回到老家,为了纪念皇上的恩遇,便收了几个徒弟传授此技。这些徒弟又传徒弟,并将它传向四方。后来,学的人越来越多,并代代相传,这一技艺从此就流传下来。在一些大街小巷经常会看见做糖饼的人的身影,周围围着一圈好奇的人观看。

上海市宝山区乾溪第二幼儿园"欣赏＋创想"美术课程课题组

华东师范大学教育学部　林　琳

---

① 参见糖画故事相关介绍,百度百科,https：//baike. baidu. com/item/％E7％B3％96％E7％94％BB/10597730？fr＝aladdin。

活动四 年画 大班

活动说明

年画是常见的民间工艺品之一,也是中国农村老百姓喜闻乐见的艺术形式,大都用于新年时张贴,装饰环境,含有祝福新年、吉祥喜庆之意。浓墨重彩的年画给千家万户增添了许多欢乐的节日气氛,也寄托了人们对未来的希望。本活动中,幼儿可以在了解年画制作工艺的基础上,感受年画中色彩的对比和图案的装饰效果,并以胖娃娃为题材进行创作。

活动目标

1. 初步了解年画的装饰特点,感受年画所表达的美好寓意。

2. 运用对比色表现胖娃娃,体验创作年画的乐趣。

活动准备

各种年画的图片、记号笔、炫彩棒、铅画纸、纯色手工纸、剪刀。

活动过程

一、视频导入,引发幼儿的兴趣

1. 教师播放视频《点亮非遗——杨柳青年画》①并提问:请你说说年画是怎么制作出来的?

2. 小结:年画的制作是有步骤的,经历了勾图、刻版、印刷、彩绘等,才能完成一张漂亮的年画。

二、欣赏年画,感受年画的装饰美

1. 教师:年画是中国画的一种形式,年画大多在新年之际张贴在门上或墙上,用于装饰和美化环境。浓墨重彩的年画给千家万户增添了许多欢乐、喜庆的气氛,也寄托了人们对未来的希望。年画中到底寄托了人们怎样的愿望呢?

2. 教师(出示图1-4-1):这张年画中画了什么?

---

① 视频链接:https://haokan.baidu.com/v? pd=wisenatural&vid=17162867833101727920。

图 1-4-1

图 1-4-2

小结：画中的胖娃娃手里抱着一条大大的鱼，手上和背景中有莲花，这幅画叫"连年有余"，其中有两个字同莲花的莲和鲤鱼的鱼，字虽不同，但发音相同，叫谐音。

3. 教师出示图 1-4-2：这张年画中画了什么？

小结：画中有个胖娃娃躺在芭蕉叶上，头靠着佛手，一只手捧着桃子，一只手拿着蝙蝠，身旁还有大大的石榴，天上飞来一只仙鹤。桃子、石榴、仙鹤、佛手、蝙蝠等都有吉祥长寿的寓意。

4. 教师：这些年画中有哪些颜色？给你什么样的感觉？

小结：年画承载着民间的新年祝福，充满了喜庆，因此，民间年画大多采用红、黄、绿等鲜艳的色彩，对比强烈，富有装饰性。

三、幼儿操作，教师巡回指导

1. 教师：快过年了，我们也来画一张年画，将美好的祝福带给大家。

2. 师幼共同讨论作画步骤。

（1）先想一想，胖娃娃手上拿着什么吉祥物。

（2）可以尝试运用渐变色来涂色，使年画更好看。

（3）画完胖娃娃以后，可以用自己喜欢的颜色在四周画一些图案，让年画充满喜庆的气氛。

（4）也可以用剪刀剪出各种图案，贴在背景中用以装饰画面。

3. 幼儿绘画，教师巡回指导。

（1）引导幼儿画出不同的吉祥物。

（2）鼓励幼儿运用渐变的方法涂色。

（3）引导幼儿用各种图案进行装饰。

四、展示作品，欣赏交流

1. 展示幼儿作品，请幼儿介绍作品并说说画中的美好祝福。

2. 教师：中国地域广阔，不同的地方年画的特点也不一样，著名的年画产地有天津杨柳青、山东杨家埠、苏州桃花坞、河北武强等，老师将这些地方的年画图片放在美术区角中,小朋友可以去看看,到时候把你看到的介绍给你的同伴。

幼儿作品

作品 1

作品 2

作品 3

作品 4

活动建议

1. 幼儿作画时,教师可以为幼儿提供各种吉祥物的图片作为参考。

2. 教师可以在闲暇时播放关于年画的视频,也可以将不同地域的年画图片张贴在美术区角或是用影集的形式呈现出来,让幼儿欣赏,丰富幼儿关于年画的认知,感受不同地域的年画特点。

华东师范大学教育学部　林　琳
上海市宝山区乾溪第二幼儿园"欣赏＋创想"美术课程课题组

活动五

活动
说明

清明上河图

大班

《清明上河图》以长卷形式,采用散点透视构图法,生动记录了中国 12 世纪北宋都城的城市面貌和当时社会各阶层人民的生活状况。在五米多长的画卷里,绘制了数量庞大的各色人物、牲畜、车、轿、船只、房屋、桥梁、城楼等。画中结构繁而不乱,长而不冗,段落分明。通过活动,教师可以引导幼儿感受画家对生活细致入微的观察以及对画面高度的组织与控制能力,让幼儿在表现各色人物的基础上集体构图、添画景物,合作完成独具风格的清明上河图。

活动目标

1. 欣赏热闹繁华的宋代街景和各色人物的不同姿态,感受风俗画的特点。
2. 尝试用线条表现古代人物,并添画背景,体验分工、合作的快乐。

活动准备

1. 经验准备:幼儿有使用毛笔和画水墨画的经验。
2. 材料准备:课件、毛笔、墨汁、国画颜料、调色盘、牛皮纸、宣纸、固体胶、剪刀。

活动过程

一、视频导入,引起幼儿兴趣

1. 教师播放《清明上河图》相关视频①并引导:小朋友们,你们知道几千年之前北宋时期的街道是什么样的吗?有一位了不起的画家叫张择端,他画了一幅《清明上河图》,为我们留住了那时繁荣的景象。我们一起去看一看吧。

2. 教师:你们在《清明上河图》中看到了什么?(幼儿讨论)

二、欣赏《清明上河图》,感受风俗画的特点

1. 教师(出示图 1-5-1):接下来,老师带大家一起去逛一逛那时的大街,看看那里有些什么,说说你看到了什么。(幼儿讨论)

---

① 视频链接:https://haokan.baidu.com/v?pd=wisenatural&vid=9935149025039274379。

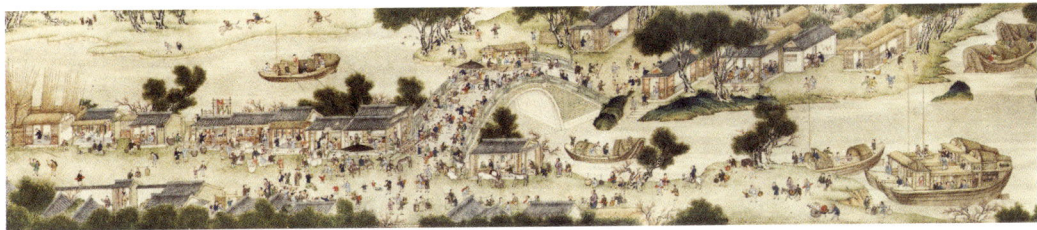

图1-5-1

小结：这幅画描绘了北宋时期都城汴京的繁荣景象。画上描绘了数量庞大的人物、动物、车子、大小船只、房屋、桥梁、城楼等。

2. 教师：请你仔细看，街上有些什么人？ 他们在做些什么？

小结：大街上有农民、孩子、老人、妇女、商人、医生等，他们中有赶集的、做买卖的、闲逛的、饮酒的、拉车的、聊天的、骑马的，好不热闹。不同的人从事着各种活动，他们穿着不同，神情各异。

3. 教师：画面中除了人，还有什么？

小结：画面中有大街小巷，店铺林立，有酒店、茶馆、点心铺，还有城楼、码头、河港、桥梁、货船、茅棚村舍等。

4. 教师：看了《清明上河图》，你有什么感受？（幼儿讨论）

小结：画家张择端对生活的观察细致入微，刻画的每一位人物身份、神态都各不相同，画中的每个人物、景象、细节，都安排得合情合理，虽然描绘了很多，但多而不乱，安排得非常得当。如果你仔细看的话，连车船上的铆钉、摊贩上的小商品和店铺招牌上的字，都是一清二楚的。可见，画家在描画时有多仔细、多细心。

三、介绍工具与材料，引发幼儿创作的兴趣

1. 教师：《清明上河图》是一幅工笔画，画中的人物、建筑、交通工具、树木等都画得非常细致。

2. 教师：今天我们要一起合作来画一幅现代的清明上河图。所以大家要分工合作，有的小朋友画人物，有的小朋友画背景中的树木、房子，还有的小朋友画河流、街道等。

3. 幼儿创作，教师指导。

（1）提示幼儿先分工，再操作。

（2）鼓励幼儿画出具有不同姿态的各种人物，并沿轮廓线剪下来。

（3）引导幼儿用淡墨画背景，注意毛笔使用的常规。

四、展示作品，分享交流

1. 教师和幼儿一起将画好的人物贴到长卷上，并用水彩添画背景，丰富画面的内容。

2. 师幼共同欣赏集体合作的作品，说说看到了什么，画中人在做什么。

3. 教师：《清明上河图》是我们中国的十大传世名画之一，现藏于北京故宫博物院。有机会的话一定要和爸爸妈妈去看看。

作品图

局部图1

局部图2

局部图3

局部图4

◎ **活动建议**

1. 活动之前,教师可以提供《清明上河图》的画册,让幼儿欣赏《清明上河图》的内容,为集体教学活动做准备。

2. 活动结束后,教师可以将材料继续投放在美术区角中,让幼儿画出更多形态的人物,并添画不同的背景,组成另一场景的长卷画。

3. 因为使用的工具材料比较多,教师可以将幼儿分成人物组、背景组等不同的组别,然后分别投放相应的工具和材料,便于幼儿选用工具和材料。

4. 幼儿创作时,教师可以放大《清明上河图》中的人物以及其他景物,并循环播放,供幼儿参考。

上海市宝山区乾溪第二幼儿园"欣赏+创想"美术课程课题组

活动六 威武的门神 大班

活动说明

门神图是中国农历新年贴于门上的一种画类。按照传统习俗,每到春节前夕,家家户户便忙碌起来,写春联,贴春联,贴门神,表达了人们对平安、幸福生活的向往和追求。活动中,教师根据大班幼儿的年龄特点,选取"哼哈二将",让幼儿在欣赏门神造型和色彩特点的基础上,用"对画"的形式表现门神。

活动目标

1. 感受门神的独特造型,初步了解张贴门神的意义。
2. 大胆表现门神的造型,体验剪贴和装饰的乐趣。

活动准备

1. 经验准备:幼儿在美术区角中欣赏过门神图片。
2. 材料准备:课件、炫彩棒、红色卡纸、不织布、记号笔、剪刀、白胶。

活动过程

一、谈话导入,初步了解门神的意义

1. 教师(出示图1-6-1):过年了,家家户户贴春联。除了春联,这扇门上还贴了什么?

2. 教师:这家门上贴的是门神,为什么要贴门神呢?(幼儿讨论)

小结：人们过年的时候，都会将门神贴在大门上，左边一个，右边一个，表达人们对平安、幸福生活的向往和追求。

图 1-6-1

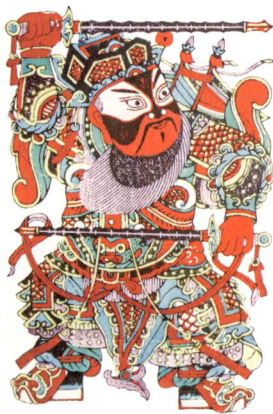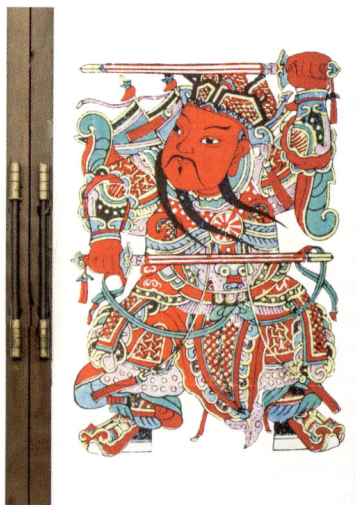

图 1-6-2

二、师幼共同讨论门神的特点

1. 教师（出示图 1-6-2）：两个门神给你什么样的感觉？（幼儿讨论）

小结：两个门神怒目圆睁，眼睛瞪得大大的，眉毛浓黑，就像两个威风凛凛的护卫者，保卫着家人的平安。

2. 教师：门神的身材有什么特点？他们身上有什么？请你们学学他们的动作。

小结：门神身材高大，手握兵器，身披盔甲，背上插着靠旗，脚蹬战靴，看上去非常威风。

3. 教师：门神色彩鲜艳，说一说画中有哪些颜色。

小结：主要有红色、黄色、绿色、蓝色，这些艳丽的颜色让我们眼前一亮，也让画面变得好看。

图 1-6-3

4. 教师：门神的盔甲上有哪些花纹？

小结：盔甲上有鱼鳞纹、云纹等，还有一些圆形和线条等。

三、幼儿操作，教师巡回指导

1. 教师：快过年了，我们也来画画门神。

2. 教师（出示图 1-6-3）：想一想，你要画的这个门神是什么样的？（教师引导幼儿从门神脸上的表情、头上戴的头盔、身上披的盔甲、手里拿的兵器等进行想象。）

3. 幼儿创作，教师巡回指导。

（1）鼓励幼儿尽可能地将门神画得大些，从上到下，顶天立地。

（2）引导幼儿画出不同的配饰，教师可以在桌上提供给幼儿不同的门神参考图片。

（3）引导幼儿用各种方式装饰盔甲，可以直接用画笔画，也可以用不织布进行剪贴。

四、展示作品，欣赏交流

1. 教师将幼儿作品贴在展示板上，让大家找一找哪个门神最威风。

2. 教师（出示图1-6-4）：我们一起来看看这个门神和刚才看到的有什么不一样。

小结：表现门神的方式丰富多彩，除了刚才看到的年画门神，还有剪纸门神以及在木头、石头和青铜上雕刻出来的门神。回去以后你们可以和爸爸妈妈一起找找门神的其他表现方式。民间艺人真是了不起！

图1-6-4

幼儿作品

作品1

作品2

作品3

作品4

作品 5　　　　　　　　　　作品 6

作品 7　　　　　　　　　　作品 8

活动建议

1. 活动之前，教师可以在美术区角中张贴一些门神图片让幼儿欣赏，并初步了解门神图这种画类。

2. 为了让幼儿更好地表现门神的造型特点，教师可以提供幼儿较为简单、类似漫画形式的门神，帮助幼儿了解门神特点并加以表现。

3. 幼儿表现门神时，教师可以在每一张桌上放一本影集，内插各种门神图片，供幼儿参考。

上海市宝山区乾溪第二幼儿园"欣赏＋创想"美术课程课题组

华东师范大学教育学部　林　琳

扫描二维码，
了解区角活动

区角活动
门神

九色鹿 大班

活动说明

敦煌莫高窟的壁画上有很多故事,教师选取九色鹿的故事,让幼儿在边听故事边欣赏莫高窟壁画的过程中感受壁画的表现特点和色彩的运用。活动中,教师可以引导幼儿在了解九色鹿基本造型的基础上,尝试运用多种表现形式,如手工制作、剪纸、绘画等,多元化地表现自己心中的九色鹿。

活动目标

1. 欣赏九色鹿壁画,感受敦煌壁画的独特魅力。
2. 综合运用各种材料表现九色鹿,体验不同媒材的表现效果。

活动准备

经验准备:有初步欣赏敦煌壁画的经验。

材料准备:课件、手工纸、剪刀、固体胶、彩纸、各色超轻黏土、卡纸、炫彩棒、铅画纸、油画棒、水粉颜料、水粉刷。

活动过程

一、壁画导入,引起幼儿的兴趣

1. 教师(出示图1-7-1):小朋友们,你们知道这是什么地方? 有谁去过吗?

图1-7-1

2. 小结：这是敦煌莫高窟，莫高窟里有两千多尊彩色雕塑，还有不计其数的美丽的壁画。

二、欣赏九色鹿，感受壁画的独特魅力

1. 教师：敦煌莫高窟的壁画上有很多故事，今天我们要来欣赏壁画"九色鹿"。

2. 教师播放视频《动画片九色鹿介绍》[①]：九色鹿是一头非常神奇的鹿，它神奇在什么地方呢？我们一起来听听关于九色鹿的故事。

3. 教师出示敦煌壁画"九色鹿"并提问：画面上有什么？

小结：画面上是九色鹿的故事。上面一张中画了一个人被救之后跪在地上向九色鹿道谢。下面一张是上面故事的延伸，画中的国王带着他的随从们来找九色鹿。画面的上下两边有崇山峻岭，九色鹿和人物都画得非常逼真。

4. 教师：画面中有哪些颜色？

小结：画面中较多地运用了白色、黑色、赭石、石绿等（教师边说边出示相应颜色的图片）。研究人员对敦煌壁画所使用的30多种颜料进行科学分析后，认为中国在1600多年前，就能将颜料准确合理地搭配，以用来混合或单独使用，以产生不同的效果。敦煌莫高窟还是一座丰富多彩的颜料标本博物馆呢！

5. 教师：九色鹿是什么样的？身上有些什么颜色？

小结：壁画中的九色鹿，有时站着，有时躺着，头上有长长的鹿角。九色鹿虽为九色，画家却用白色作为鹿的主色，再用石绿、赭石在鹿身上点彩来表示九色。

三、幼儿操作，教师巡回指导

1. 教师：九色鹿是一种神奇的动物，今天我们也来画画美丽的九色鹿。

2. 教师出示材料并介绍绘画步骤。

（1）先想一想，这只美丽的九色鹿是站着的还是在奔跑的，然后在黄色的纸上画出美丽的九色鹿，画完后还可以为它画上美丽的花纹，再把它剪下来。

（2）可以用绿色手工纸剪出小草或是树木，用咖啡色或是蓝色的纸剪出远处的山峦。

（3）粘贴的时候注意前后顺序，先粘贴山峦，再粘贴小草或是树木，最后将剪好的九色鹿贴在纸的中间。

3. 幼儿操作，教师观察并指导。

（1）鼓励幼儿用不同的花纹装饰九色鹿，画出与众不同的九色鹿。

（2）观察幼儿粘贴的次序，提醒幼儿注意前后粘贴顺序。小草和山峦可以叠加粘贴。

（3）因为鹿角比较难剪，教师可以帮助有困难的幼儿一起剪。

四、展示作品，欣赏交流

1. 教师将幼儿的作品贴在展示板上，请幼儿说说自己的九色鹿美在哪里。

2. 教师：大家知道吗，壁画素有"墙上博物馆"的美誉。壁画本身是极为脆弱的，自然

① 视频链接：https://baike.baidu.com/item/%E4%B9%9D%E8%89%B2%E9%B9%BF/1953814?fr=aladdin。

的、人为的因素都加速着它们的消损,有人称它为"行将消失的国宝"。所以,你有机会去敦煌莫高窟旅游时,一定要做个文明的观众,让这些国宝可以世世代代延续下去。

幼儿作品

作品 1

作品 2

作品 3

作品 4

作品 5

活动建议

1. 活动之前,教师可以将敦煌壁画的图片展示在美术区角中,让幼儿对壁画有个初步的感受,为之后的集体教学活动积累经验。

2. 活动结束后,教师可以播放完整的动画片《九色鹿》,让幼儿感受这个取材于敦煌北魏第 257 窟西壁的壁画故事。

3. 活动结束后,教师可以在美术区角中投放更多的材料,让幼儿尝试用其他的方式进行表现,体验不同媒材的不同表现效果。

扫描二维码,
了解区角活动

区角活动
九色鹿

附：九色鹿的故事①

古代,在荒无人烟的戈壁滩上,波斯商人的骆驼队因遇风沙袭击而迷路,忽然出现一头九色神鹿给他们指点方向。九色鹿回到林中,听见有人呼救。原来一个捕蛇人在采药时不慎落水。九色鹿忙将他驮上石岸。捕蛇人感激不尽,九色鹿只求他别将遇见它的事告诉别人,捕蛇人连连答应,还对天起誓。波斯商人到了皇宫,与国王谈起沙漠中的奇遇,谁知王后听了,执意要取九色鹿皮做衣裳。国王无奈,张贴布告:捕到九色鹿者给予重赏。捕蛇人见利忘义,向国王告密,并设计将九色鹿引入包围圈。当他假装再次落水,神鹿闻声赶来救他时,守候的武士们就万箭齐发。谁知九色鹿发出神光,利箭都被化为灰烬。九色鹿向国王揭露捕蛇人忘恩负义的丑恶行为,国王深感不安。捕蛇人吓得胆战心惊,连连后退,跌进深潭淹死,恶人终究得到应有的惩罚。

华东师范大学教育学部　林　琳
上海市宝山区乾溪第二幼儿园"欣赏＋创想"美术课程课题组

---

① 参见九色鹿相关故事介绍,百度百科,https://baike.baidu.com/item/九色鹿/19538114?fr＝aladdin。

第二篇

民间工艺

活动一 汉服腰带 中班

活动说明

汉服浓缩了华夏文化的纺织、蜡染、夹缬、锦绣等杰出工艺和美学,传承了三十多项中国非物质文化遗产,使中国享有"锦绣中华""衣冠上国""礼仪之邦"的美誉。本活动中,教师选取了易于幼儿表现的汉服中的腰带,让幼儿欣赏不同图案的腰带,了解二方连续的特征,并结合中班幼儿图案画的特点,运用3D颜料装饰腰带,感受图案的重复与节奏美。

活动目标

1. 了解汉服的特点,感受汉服腰带之美。
2. 尝试用不同花纹设计和制作汉服的腰带,体验装饰的乐趣。

活动准备

经验准备:幼儿在个别化活动中欣赏过汉服,知道汉服的基本特点。
材料准备:课件、3D立体颜料、不织布、丝带、腰带纸型、泡沫花、白胶。

活动过程

一、服饰导入,引起幼儿兴趣

1. 教师穿着汉服提问:今天老师穿的衣服和平时的衣服有什么不一样?(幼儿讨论)
小结:老师今天穿的这件衣服有个好听的名字叫汉服,汉服是我们汉民族的传统服饰。
2. 教师(出示穿着汉服的模特图片):汉服哪里比较好看呢?(幼儿讨论)
小结:汉服有各种款式,最基本的是:上面衣服,下面裙子,中间有腰带。

二、欣赏汉服腰带,感受腰带的装饰美

1. 教师(出示汉服腰带图片):这些腰带上有些什么图案和颜色?
2. 小结:腰带上有花朵图案、蝴蝶图案、几何图形等,这些图案有的是对称的,有的是向左右两边连续重复的。有了各种图案和颜色的腰带的汉服,女孩们穿上更漂亮,男孩们穿上更神气。

三、幼儿装饰腰带,教师巡回指导

1. 教师(出示汉服):今天老师带来了大家穿的汉服,可是缺少一条腰带,为了让汉服更好看,我们每个小朋友来设计一条腰带。

2. 教师介绍操作材料和操作要求。

（1）想一想要用什么图案来装饰腰带？可以用动物、植物、几何图形或是其他的图案。

（2）这些图案要画在腰带的什么位置？图案要怎样排列？（图案可以画在腰带的中间和四周，图案可以是对称的，也可以是连续的。）

（3）可以用 3D 立体颜料、泡沫花来装饰汉服的腰带。

（4）做完以后可以在腰带的两端系上丝带。

3. 幼儿操作，教师观察与指导。

（1）鼓励幼儿设计不同的图案。

（2）引导幼儿运用不同的材料进行装饰。

（3）引导幼儿运用对称或是二方连续的方法进行图案装饰。

四、展示作品，欣赏交流

幼儿将腰带系在汉服上，教师播放古琴演奏的音乐，幼儿以时装表演形式展示设计的腰带（见图 2-1-1、图 2-1-2）。

图 2-1-1

图 2-1-2

幼儿作品

作品 1

作品 2

作品 3

作品 4

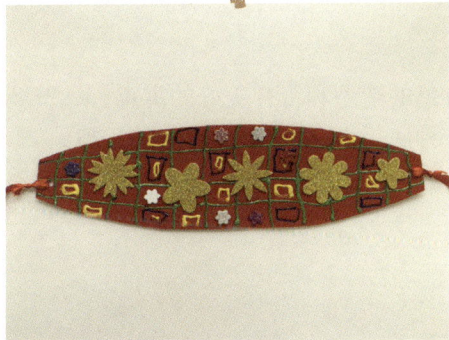

作品 5

作品 6

活动建议

1. 集体教学活动之前,教师可以将汉服图片展示在美术区角中供幼儿欣赏,让幼儿对汉服有初步的认识。

2. 幼儿操作过程中,教师可以滚动播放有各种图案的 PPT 课件,或是在桌上放置各种图案手册供幼儿参考,丰富幼儿关于图案的经验。

3. 活动结束后,教师可以在美术区角活动中继续提供材料,让幼儿装饰更多的腰带。

上海市普陀区大风车幼儿园　钱卫春

活动二

盘扣 中班

活动说明

盘扣是中国传统服装中使用的一种纽扣，也是中国结的一种。盘花扣运用各种布条盘织成各种花样，其题材选取具有浓郁的民族情趣和吉祥如意的意味。盘扣的花式种类丰富多样，有模仿动植物的，也有盘结成文字的，还有几何图形的。盘扣不仅有连接衣襟的功能，更是服装装饰的点睛之笔。通过欣赏各式盘扣，幼儿可以感受盘扣的精美，以及它带给人们的赏心悦目之美。幼儿可以尝试用超轻黏土表现各式各样的盘扣。

◎ **活动目标**

1. 初步了解盘扣的样式，感受盘扣独具特色的造型和吉祥美好的寓意。

2. 尝试用超轻黏土制作盘扣，并装饰在各种底板上，体验盘扣制作的乐趣。

◎ **活动准备**

课件、超轻黏土、扇子、锦囊、喜帖、底板。

◎ **活动过程**

一、图片导入，感受盘扣的美

1. 教师（出示图2-2-1—图2-2-3）：你知道这是什么吗？它用在什么地方？（幼儿讨论）

图2-2-1

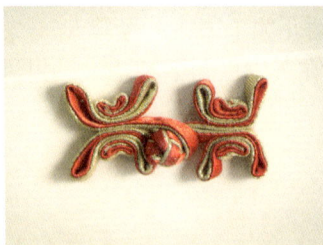

图2-2-2

图2-2-3

2. 教师(出示图2-2-4)小结：这是盘扣,也叫盘钮,是传统中国服装使用的一种纽扣,用来固定衣襟或装饰。

图2-2-4

二、欣赏不同样式的盘扣，感受盘扣的独特造型

1. 教师(出示图2-2-5、图2-2-6)：盘扣的花式种类很多,你们看看这些盘扣像什么?

图2-2-5

图2-2-6

小结：盘扣有丰富的样式,有模仿动植物的菊花盘扣、梅花扣、金鱼扣、蝴蝶扣,有盘结成文字的吉字扣、喜字扣等,也有几何图形的,如一字扣、波形扣、三角扣等。盘扣虽小,却蕴含着中华民族对美好生活的向往和追求。

2. 教师播放盘扣制作视频①：你知道盘扣是怎么做出来的吗? 我们一起来看看吧。

小结：盘扣的制作工艺包括了盘、包、缝、编等多种手法,盘扣不仅可以作为纽扣使用,还可以独立观赏,是一种手工艺作品。

三、探索用超轻黏土制作盘扣的方法

1. 教师：盘扣那么美,我们今天也来做个盘扣。

---

① 视频链接：https://haokan.baidu.com/v? pd=wisenatural&vid=4376226647166714659。

2. 师幼共同探索盘扣制作的方法。

（1）选择自己喜爱的几种颜色的超轻黏土，并将它们搓成长条形。

（2）将长条形超轻黏土盘成自己想要的形状，可以模仿动物，也可以模仿植物或是其他样式。

（3）将制作好的盘扣粘贴在底板上，或是扇子上，或是锦囊上。

四、展示作品，分享交流

1. 教师展示幼儿作品，引导幼儿说说自己最喜欢哪一款盘扣以及原因。

2. 教师出示装饰有盘扣的各种生活用品：盘扣不仅在服装中起着画龙点睛的作用，也可以用在各种生活用品的设计中，使其具有浓浓的中国风。

幼儿作品

作品 1

作品 2

作品 3

作品 4

作品 5

作品 6

活动建议

1. 活动之前,教师可以在教室里张贴一些盘扣的图片,让幼儿对盘扣有初步的认识。

2. 活动结束后,教师可以将材料继续投放在美术区角中,幼儿可以继续制作其他样式的盘扣,并装饰到旗袍上(见图 2-2-7、图 2-2-8)。

图 2-2-7

图 2-2-8

华东师范大学教育学部　林　琳

上海市宝山区乾溪第二幼儿园"欣赏＋创想"美术课程课题组

活动三 新年唐装 **中班**

活动说明

　　唐装是中国服饰的一种特有的款式,唐装的图案和色彩蕴含着吉祥和美好的寓意,有着浓厚的中华民族文化色彩,也是体现民族性的一种文化符号。活动中,教师通过让幼儿欣赏唐装、了解唐装,并通过在唐装样式的纸型上进行装饰,从而体验图案装饰的乐趣。

◎ **活动目标**

　　1. 初步了解唐装的样式,知道唐装是中国服饰的一种款式。
　　2. 尝试用剪贴的方法表现唐装,体验制作的乐趣。

◎ **活动准备**

　　课件、炫彩棒、唐装纸型。

◎ **活动过程**

一、谈话导入,引发幼儿过春节的回忆

　　教师:春节快到了,家家户户都开始忙碌起来,准备年货了。人们是怎么过新年的?(幼儿讨论,教师出示图 2-3-1—图 2-3-5。)

图 2-3-1

图 2-3-2

图 2-3-3　　　　　　　　　　图 2-3-4　　　　　　　　　　图 2-3-5

小结：过春节有很多习俗，如买年货、贴春联、剪窗花、挂年画、吃年夜饭、拿压岁钱、放鞭炮、逛庙会等，过新年真热闹！

二、欣赏唐装，感受唐装独特的美

1. 教师：除了刚才讲的这些春节习俗，春节期间，我们还会穿上漂亮的衣服，就是唐装。

2. 教师（出示图 2-3-6）：你觉得唐装好看吗？好看在哪里？（教师引导幼儿从领子、袖子、扣子进行观察）

3. 教师（出示唐装实物）：我们一起来看看唐装有些什么特点。

（1）立领：上衣中心开口，立式领型。

（2）连袖：袖子和衣服整体没有接缝，以平面裁剪为主。

图 2-3-6

（3）对襟，也可以是斜襟。

（4）盘扣：盘扣注重一个"盘"字，是唐装中最有特色的部分。

4. 教师提问：唐装上面有些什么图案？（幼儿讨论）

小结：唐装的图案主要包括各种花卉，如牡丹、梅、兰、竹、菊等，这些花向四周放射或旋转，也有一些文字图案，还有一些图案表示吉祥祝愿，如龙凤呈祥、龙飞凤舞、九龙戏珠等图案。唐装的图案丰富多彩，有着中华民族浓厚的文化色彩。

三、探索用剪贴的方法进行制作

1. 教师：春节快到了，我们一起来制作一件唐装吧。

（1）幼儿选择喜欢的唐装颜色。

（2）设计服装上的花纹。（教师可以提供传统纹样给幼儿参考）

（3）引导幼儿在领口、袖子、门襟以及衣服的下摆处用各种图案进行装饰。

2. 幼儿创作，教师指导。

（1）鼓励幼儿设计不同的图案和花纹。

（2）引导幼儿将图案和花纹装饰在衣服的不同部位。

四、展示、分享作品

1. 展示幼儿作品并交流，引导幼儿说说用了什么图案进行装饰，装饰在唐装的什么地方。

2. 教师播放音乐，幼儿穿上唐装走"T台"，展示唐装的魅力。

幼儿作品

作品1

作品2

作品3

作品4

活动建议

1. 活动结束后，教师可以在美术区角中张贴更多款式的唐装图片让幼儿欣赏，继续提供各种样式的唐装纸型，如唐装背心、唐装裙子等，鼓励幼儿制作不同款式的唐装，并用各种传统图案装饰衣服。

2. 教师也可以引导幼儿尝试用棉花装饰唐装,使之更具有冬装的特点。

3. 幼儿还可以将设计好的唐装贴到自己喜欢的小朋友的大头照下面,并用这些作品布置教室。

华东师范大学教育学部　林　琳
上海市宝山区乾溪第二幼儿园"欣赏＋创想"美术课程课题组

活动四 活动说明

剪纸鸡　大班

活动目标

1. 欣赏鸡的多种美术表现形式,感受不同表现形式下鸡的不同造型。

2. 大胆尝试运用剪的方法创作作品,表现富有装饰性的公鸡。

活动准备

经验准备：有剪纸的经验,会镂空剪。

材料准备：PPT、剪刀、红色手工纸。

活动过程

一、欣赏各种表现形式的公鸡，引起幼儿兴趣

1. 教师(出示图 2 - 4 - 1)：这是一只怎样的大公鸡?

小结：大公鸡有着红红的鸡冠、尖尖的嘴、胖胖的肚子、细细的脚、漂亮的羽毛。

2. 教师(出示图 2 - 4 - 2—图 2 - 4 - 5)：人们喜爱公鸡英勇、顽强、好斗的性格,所以很多艺术家用不同的方法去表现对鸡的喜爱。我们一起来欣赏一下吧。

3. 教师：你们觉得这些鸡有什么不同? 它们给你什么样的感觉?(幼儿讨论)

图 2 - 4 - 1

图 2 - 4 - 2

图 2 - 4 - 3

小结：艺术家们用不同的材料来表现公鸡，有的用水墨画画公鸡，有的用线绣公鸡，有的用陶土制作公鸡，还有的用纸扎出公鸡，原来公鸡的表现可以用那么多的方法。

图 2 - 4 - 4

图 2 - 4 - 5

二、欣赏剪纸公鸡，了解剪纸的特点

1. 教师（出示图 2 - 4 - 6）：人们还会用剪纸的方式来表达对公鸡的喜爱，剪纸和绘画的公鸡有什么不同？

图 2 - 4 - 6

图 2 - 4 - 7

图 2 - 4 - 8

图 2 - 4 - 9

小结：剪纸的公鸡是用剪刀将公鸡的轮廓剪出来，公鸡的身上有镂空的花纹。

2. 教师（出示图 2 - 4 - 7—图 2 - 4 - 9）：这些公鸡有什么不同？

小结：公鸡的形态各不相同，有的昂起头在"喔喔"叫，叫大家起床了；有的低下头，尾巴翘得高高的，好像在找小虫子吃；有的回头望，好像在呼唤朋友快过来。（教师边说边引导幼儿用动作模仿）

3. 教师（出示图 2 - 4 - 10、图 2 - 4 - 11）：这两只公鸡有什么不一样？

图 2 - 4 - 10

图 2 - 4 - 11

小结：公鸡身上的花纹不一样，有的是花朵图案，有的是梳子的图案，还有的是小草的图案。

三、幼儿剪纸，教师巡回指导

1. 教师：今天我们来剪一只吉祥神气的大公鸡。

2. 教师：刚才我们看了不同形态的公鸡和用不同花纹装饰的公鸡，你想剪一只什么样的公鸡呢？你会用一些什么花纹来打扮它呢？

3. 幼儿剪纸，教师巡回指导。

（1）鼓励幼儿大胆剪出公鸡的外形。

（2）引导幼儿用镂空的方式剪出不同的花纹。

四、展示作品，欣赏交流

教师将幼儿的作品贴在展示板上，构成一幅"群鸡图"，并引导幼儿说说哪只公鸡最神气，原因是什么。

幼儿作品

作品1　　　　　　　　　　　作品2

作品3　　　　　　　　　　　作品4

活动建议

1. 活动之前，教师可以将剪纸工具放在美术区角中供幼儿练习，积累剪纸经验。

2. 活动之后,教师可以在美术区角中放置更多公鸡的其他艺术表现形式的图片,让幼儿了解同一对象可以有不同的艺术表现形式。还可以在美术区角中投放更多的剪纸材料,让幼儿体验剪纸的不同表现形式,如点染剪纸、喷绘剪纸、填色剪纸等。

华东师范大学教育学部　林　琳
上海市宝山区乾溪第二幼儿园"欣赏＋创想"美术课程课题组

活动五 福娃闹新春 大班

活动说明

在我国,剪纸可以说是最普及的民间艺术。一把剪刀一张纸,可以剪出乾坤。本活动以春节作为一个切入口,引导幼儿欣赏和春节相关的福娃剪纸作品,通过剪纸与绘画的比较,让幼儿了解剪纸镂空的特点。在前期剪纸技能学习的基础上,教师结合春节传统习俗,引导幼儿用折叠剪的方法表现福娃闹新春的场景。

活动目标

1. 了解人物剪纸的特征,感受剪纸镂空的独特效果。
2. 尝试运用折叠剪纸的方法表现福娃,体验剪纸的乐趣。

活动准备

课件、剪刀、红色手工纸、底纸、固体胶。

活动过程

一、乐曲导入，引起幼儿的兴趣

教师(播放《春节序曲》):听到这首曲子,会让你想起什么?

小结:这首曲子叫《春节序曲》,一听到这首曲子,就让我们想起春节,春节可热闹了。

二、欣赏剪纸，感受剪纸独特的艺术效果

1. 教师(出示图2-5-1):这是一幅剪纸作品,你们看,小朋友们在做什么?

小结:一个小朋友在点鞭炮,另一个小朋友手里提着灯笼,上面写着"春节"两字,一

图 2-5-1

派喜庆、热闹的节庆氛围。

2. 教师：这幅作品中的小朋友和我们平时画出来的小朋友有什么不一样？

小结：剪纸是通过剪刀剪出来的，在剪人物脸部时，采用对折剪的方式来表现，脸部中间是镂空的，只留下五官。作品其他部分也是采用镂空的方式来表现的。如果用笔画小朋友，可以非常细致地画出五官和衣服上的花纹，会有很多细节。

三、师幼共同商量剪福娃的方法

1. 教师：快过年了，我们一起来剪一幅"福娃闹新春"。
2. 教师（出示图 2-5-2—图 2-5-4）：这是老师剪的福娃，把福娃对折以后，看看留下了哪些部分，剪掉了哪些部分。

图 2-5-2

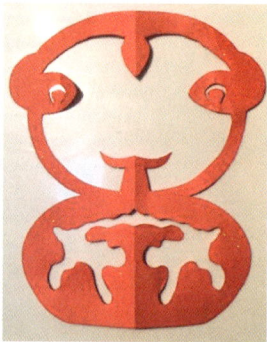

图 2-5-3

图 2-5-4

小结：剪的时候要沿着脸部的轮廓剪，把头发、眼睛、嘴巴留下，其余的部分剪掉。

3. 教师请个别幼儿上台试着剪一剪福娃。
4. 教师：除了福娃，你还想剪哪些和过年有关的内容呢？（幼儿讨论）

四、幼儿操作，教师巡回指导

1. 教师提醒幼儿注意福娃的外形要剪得圆圆的，五官可以剪得大一些。
2. 幼儿剪的时候要注意眼睛、嘴巴、头发与人物轮廓的连接，不能断开。
3. 教师引导幼儿剪出福娃的完整造型。
4. 教师引导幼儿在纸张空白处添加窗花、鞭炮等。

五、展示作品、欣赏交流

1. 每个幼儿剪完后可以将自己的作品贴到底纸上，小组合作完成"福娃闹新春"的作品。

2. 教师展示幼儿作品,请幼儿说说"福娃闹新春"的内容。

3. 教师播放欢快的音乐,幼儿随音乐起舞。

幼儿作品

作品1　　　　　　　　　　　　　　　作品2

活动建议

1. 该活动是在幼儿具有一定剪纸能力基础上进行的,因此活动之前,教师可以将剪纸的工具和材料投放在美术区角中,让幼儿尝试并学会看剪纸图示。

2. 活动结束后,教师可以在美术区角中继续投放剪纸材料,幼儿可以尝试剪出春节的完整作品(见图 2-5-5、图 2-5-6)。

图 2-5-5

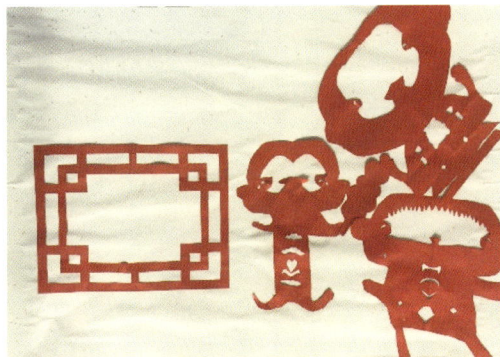

图 2-5-6

上海市宝山区乾溪第二幼儿园"欣赏+创想"美术课程课题组

华东师范大学教育学部　林　琳

活动六 金锁银锁 大班

活动说明

长命锁是一种寄托着成人对于孩子平安长寿、幸福吉祥等美好祝愿的装饰品,一般挂在孩子脖颈上。活动中,教师引导幼儿欣赏长命锁上的各种纹样装饰,以及不同材料制作的长命锁所表现出的不同质感,感受传统纹样的美。在此基础上,引导幼儿使用超轻黏土制作出自己喜爱的不同样式的长命锁。

活动目标

1. 初步了解长命锁的造型和图案寓意,感受长辈的美好祝愿。
2. 尝试设计长命锁,感受手工制作的乐趣。

活动准备

课件、黑色圆形卡纸、正方形牛皮纸、金色勾线笔、银色勾线笔。

活动过程

一、图片导入,引起幼儿兴趣

教师(出示图2-6-1):你知道这是什么吗?你看到过吗?

图2-6-1   图2-6-2

小结:这是长命锁,人们认为小孩一旦戴上了长命锁,就能无灾无祸,平安长大。所以,人们把这种锁称作长命锁。它表达了长辈们对于小朋友平安长寿、幸福吉祥的美好祝愿。

二、欣赏长命锁的装饰，感受传统纹样的美

1. 教师(出示图 2-6-2)：这是什么？长命锁和它有什么关系？

小结：这是古代的门锁，长命锁的外形和门锁非常相似。

2. 教师(出示图 2-6-3、图 2-6-4)：长命锁上有些什么呢？(幼儿讨论)

图 2-6-3　　　　　　　　　　图 2-6-4

小结：长命锁上面有的是文字，如"长命百岁""长命富贵"等吉祥的祝福语；有的是吉祥动物，如麒麟、龙、老虎等；还有许多中国传统的纹样，如云纹、回形纹等。长命锁的下方挂有铃铛，古人认为铃铛的声音可以吓跑鬼怪和野兽，保住孩子的性命。

3. 教师：长命锁的制作材料有哪些？

小结：长命锁一般用银子或黄金制作，也有用玉制作的，还有用玉和黄金镶嵌在一起制作的。

三、幼儿制作，教师巡回指导

1. 教师：长命锁有不同的形状和图案，如果让你来设计一个长命锁，你会怎么设计呢？(幼儿讨论)

2. 教师小结设计步骤。

(1) 用超轻黏土捏出喜爱的长命锁的形状，然后贴到红色底纸上，可以用小木刀刻出上面的花纹，也可以用超轻黏土捏出花纹再粘在长命锁上。

(2) 将超轻黏土团圆、搓长做出长命锁上的铃铛和挂扣，并贴到红色底纸上。

(3) 用金色丙烯颜料涂抹在长命锁上，并晾干。

3. 幼儿设计，教师指导。

(1) 引导幼儿根据各个步骤进行设计。

(2) 鼓励幼儿设计出不同形状和花纹的长命锁。

四、展示作品，欣赏交流

1. 教师布置长命锁设计展：引导幼儿说说自己最喜欢哪款长命锁以及喜欢的理由。

2. 由幼儿投票评选出 2～3 个最佳设计作品。

幼儿作品

作品 1

作品 2

作品 3

活动建议

1. 在幼儿设计过程中，教师可以为幼儿提供各种传统纹样的图片作为参考。

2. 教师可以在美术区角中投放其他材料，如黑色卡纸、金色和银色的笔，鼓励幼儿尝试用绘画的方式来设计长命锁，并用不同的纹样或是文字进行装饰（见图 2-6-5—图 2-6-8），感受平面设计的乐趣。

图 2-6-5

图 2-6-6

图 2-6-7

图 2-6-8

上海市宝山区乾溪第二幼儿园"欣赏＋创想"美术课程课题组

华东师范大学教育学部　林　琳

活动七

京剧脸谱 大班

活动说明

　　脸谱是一种具有民族特色的、以人的面部为表现载体的图案艺术。京剧中的脸谱,运用了夸张的手法,夸大剧中角色的五官部位和面部的纹理,以表现剧中人物的性格、心理和生理上的特征。活动中,教师可以结合游戏帮助幼儿了解和辨别不同京剧脸谱的含义,运用对称的方法在团扇和正方形纸型上表现脸谱，一改传统美术活动中京剧脸谱的表现方法。

活动目标

1. 欣赏京剧脸谱，了解不同脸谱的含义。
2. 尝试表现各种脸谱，体验脸谱的装饰乐趣。

活动准备

课件、盘子、铅画纸、团扇、毛笔、水粉颜料、洗笔桶、抹布。

活动过程

一、视频导入，引起幼儿的兴趣

教师（播放脸谱相关视频①）：小朋友们，你们知道京剧吗？京剧里有各种各样的脸谱，到底有哪些脸谱呢，我们一起来看一看。

小结：脸谱有各种颜色，各种人物大都有自己特定的脸谱和色彩。一般来说，红色代表好人，黑色代表强壮的人，绿色、蓝色代表英雄，黄色和白色表示坏人，金色和银色代表神仙。

二、欣赏脸谱，了解脸谱的含义

1. 玩游戏：颜色、脸谱对对碰。

教师（出示上排为颜色、下排为脸谱的图片）：小朋友，"脸谱"是指中国传统戏剧里男演员脸部的彩色化妆。这种脸部化妆主要用于净（花脸）和丑（小丑）两个行当。从视频中我们了解到不同颜色的脸谱分别代表不同的人。下面我们来做一个游戏，请你将上排中的颜色和下排中的脸谱对应起来。

2. 教师（播放画京剧脸谱的视频②）：你们知道脸谱是怎么画的吗？我们一起来看看吧。

小结：脸谱是根据角色的人物特征，用油彩在脸上画出不同的图案。

三、师幼共同探讨脸谱的表现方法

1. 教师（出示图 2-7-1—图 2-7-4）：这四张脸谱有什么不同？

---

① 视频链接：https://haokan.baidu.com/v? pd＝wisenatural&vid＝12114478557394863163。
② 视频链接：https://haokan.baidu.com/v? pd＝wisenatural&vid＝17353230615406341846。

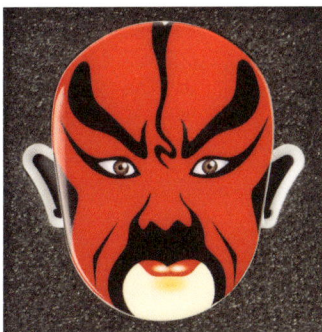

图 2-7-1

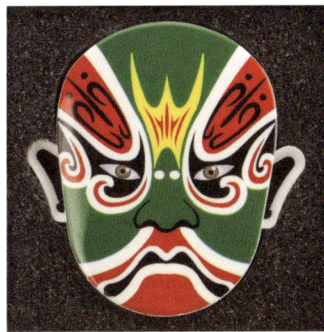

图 2-7-2

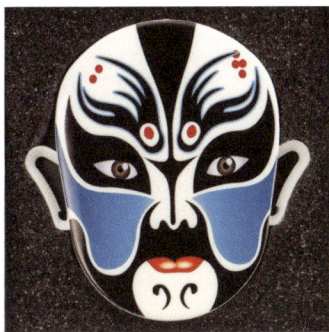

图 2-7-3

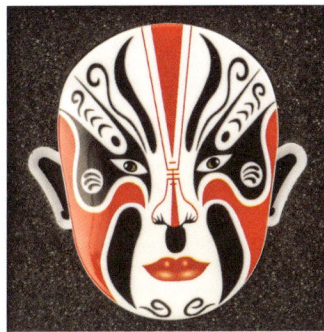

图 2-7-4

小结：四张脸谱的颜色不同,脸上的图案不同,但是人脸的两边是对称的。眼睛、鼻子、嘴巴的形状不同,额头、脸颊、下巴上有不同的花纹。

2. 师幼共同探讨描绘脸谱的步骤。

(1) 先画眼睛,再画鼻子和嘴巴,它们的形状可以和我们平时看到的不一样。

(2) 然后可以在额头、脸颊、下巴的地方画上花纹。

(3) 最后涂色。

3. 教师介绍作画工具和材料。

(1) 脸谱要用毛笔来画,但要注意调换颜色时,先要将笔洗干净并弄干,然后再换另一种颜色。

(2) 画脸谱的材料有纸袋、一次性纸盘、团扇,你可以选择自己喜欢的材料在上面画脸谱。

四、幼儿操作,教师巡回指导

1. 提醒幼儿注意绘画的步骤。

2. 注意根据不同材料的形状来画。

3. 由于材料的不同,画完后要引导幼儿将作品晾干。

五、展示作品,欣赏交流

1. 教师将幼儿的作品展示在展示台上,让幼儿说说自己最喜欢的脸谱及喜欢的理由。

2. 教师播放视频,引发幼儿进一步探索京剧和脸谱的兴趣。

幼儿作品

作品1

作品2

作品3

作品4

作品5

作品6

作品 7　　　　　　　　　　　　　　　作品 8

活动建议

1. 教师在幼儿空余时间可以播放有关京剧的宣传片,让幼儿对京剧有一个初步的了解。

2. 活动结束后,教师在美术区角中可以继续投放各种工具和材料,让幼儿在马勺、白色 T 恤、白色面具等上面画脸谱,甚至可以用儿童专用画脸蜡笔直接在幼儿脸上画脸谱。

3. 幼儿可以戴着面具或画好的脸谱在表演区进行京剧表演,加深对京剧角色的体验。

4. 在区角活动中,教师可以引导幼儿综合运用各种材料对传统的京剧脸谱进行创意绘画,发挥幼儿的想象力和创造力。

扫描二维码,了解区角活动

区角活动
创意脸谱

华东师范大学教育学部　林　琳

上海市普陀区大风车幼儿园　苗　芳　裘　智

活动八　京剧扑克　大班

活动说明

京剧是中国影响力最大的戏曲剧种,也是我国的国粹。人们根据角色的性别、性格、年龄、职业以及社会地位等,在化妆、服装等各方面加以艺术的夸张,把京剧舞台上的角色划分成为生、旦、净、丑四种类型。活动中,教师可以在引导幼儿欣赏和了解各个行当的基础上,结合扑克牌图案上下对称的特点,别出心裁地将京剧行当迁移到扑克牌上,运用镜像表现手法,共同制作独一无二的京剧扑克牌。

活动目标

1. 欣赏和了解京剧中的各个行当,感受不同行当的装扮特点。
2. 尝试运用对称法表现京剧扑克牌,体验设计的快乐。

活动准备

课件、京剧人物图片、铅画纸、红色底纸、固体胶、炫彩棒。

活动过程

一、欣赏视频,了解京剧的不同行当和扮相

教师播放"博雅美育四馆合一"平台上的视频《梨园里的京剧脸谱》(可扫描二维码观看)并提问:说说京剧中有哪几个行当?

视频 ▶

梨园里的
京剧脸谱

小结:京剧中有生、旦、净、丑。生指男性角色,旦是指女性角色,净被称为花脸,丑是丑陋的意思,即丑角。

二、了解扑克的特点,创作京剧扑克牌

1. 教师(出示图2-8-1):说说这几张牌叫什么? 分别代表什么?

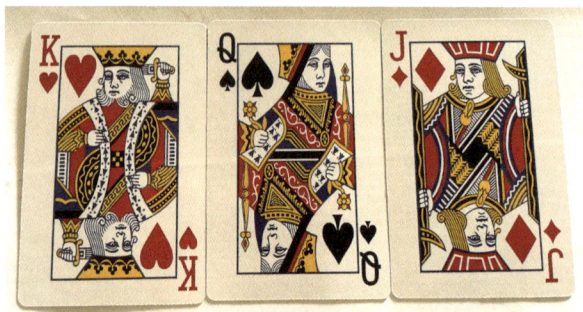

图 2-8-1

小结:这几张牌叫JQK,J代表年轻的王子,Q代表王后,K代表国王。

2. 教师(出示图2-8-2):扑克牌上的图案有什么特点?

图 2-8-2

小结:扑克牌上的图案是上下对称的。还有四种不同的花色,分别为:黑桃、梅花、方块和红桃(根

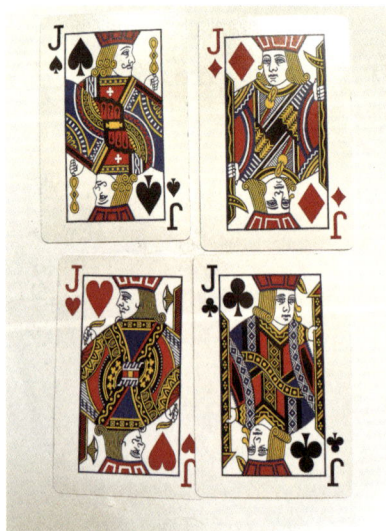

据幼儿回答出示花色图），花色的颜色有红的和黑的。

3. 教师：小朋友平时很喜欢玩扑克牌，今天我们要来制作一副很特别的扑克牌——京剧扑克牌，把扑克牌里的人物改成京剧人物。

三、师幼共同探索京剧扑克牌的制作方法

1. 教师（出示京剧中的生、旦、净、丑的卡通图片）：这些是京剧中的生、旦、净、丑，请你把它们分别归到扑克牌 JQK 里，并说说你的理由。（幼儿讨论并操作）

小结：京剧行当里有女的和男的，所以旦角可以作为扑克牌 Q 的头像，小生可以作为扑克牌 J 的头像，其他的丑角和净角可以作为扑克牌 K 的头像。

2. 教师（出示图 2-8-3）：这是一个净角的头像，我们把它贴在白纸上，如果要把它做成一张扑克牌，另一半对称图怎么画呢？（幼儿讨论）

3. 教师（出示图 2-8-4、图 2-8-5）：这是两张做好的扑克牌，你们找一找有什么不一样？

图 2-8-3　　　　　　　图 2-8-4　　　　　　　图 2-8-5

小结：这是我们制作扑克牌的两种方法。第一种有点难，需要把纸转过来，一边看图片，一边像照镜子一样画出和它对称的另一半。第二种，要将两个头像上下对称地贴好，然后画上中间的衣服。

四、幼儿操作，教师巡回指导

1. 教师引导幼儿根据自己的水平选择不同的制作方法。
2. 注意人物的对称性，包括人物造型和色彩的对称。
3. 引导幼儿在扑克牌上添画字母和花型，并注意它们的位置。

五、展示作品，欣赏交流

1. 展示幼儿的作品，说说最喜欢哪张扑克牌以及喜欢的理由。
2. 教师播放歌曲《说唱脸谱》（儿童版），幼儿随音乐模仿京剧人物的动作。

◎ 幼儿作品

作品1

作品2

作品3

作品4

活动建议

1. 幼儿创作作品时,可以根据自己的水平选择不同的表现方法。一种是头部用贴纸、中间用绘画的方式表现(如作品1、作品2),一种是用镜像表现另一部分的内容(如作品3、作品4)。

2. 活动结束后,将材料和图片投放在美术区角中让幼儿继续添画和制作,共同完成一套完整的京剧扑克牌。

3. 在表演区里,教师可以播放适合幼儿欣赏的京剧视频,投放京剧面具、服饰等供幼儿欣赏、感受、装扮。

4. 教师还可以在美术区角中投放京剧脸谱图片,让幼儿剪下半张脸谱后贴在底纸上,再添画另一半对称的脸谱,尝试各种方式表现京剧人物(见图 2-8-6—图 2-8-9)。

图 2-8-6　　　　　图 2-8-7　　　　　图 2-8-8　　　　　图 2-8-9

上海市宝山区乾溪第二幼儿园"欣赏＋创想"美术课程课题组
华东师范大学教育学部　林　琳

活动九
活动说明

满族旗头 大班

满族的旗头对于幼儿来说并不陌生,清朝的电视剧中格格们常常头戴旗头,旗头上有各种花朵与金玉的装饰。本活动中,教师引导幼儿欣赏各式旗头,了解旗头的装饰特点,感受满族发饰的独特魅力。幼儿还可以尝试利用平面和立体的各种手工材料,运用对称的方法进行装饰,在看看、想想、做做、玩玩中,体验手工制作的乐趣。

活动目标

1. 了解旗头的装饰特点,感受满族发饰的独特魅力。
2. 尝试制作和装饰旗头,体验对称装饰的乐趣。

活动准备

PPT 课件、扭扭棒、手工纸、剪刀、卷纸花、彩笔、固体胶等。

◎ **活动过程**

一、初步欣赏满族服饰

教师(请出扮成格格的小朋友)：今天老师请来一位小客人,你们看她是哪个少数民族的? 你从哪里看出来的?

小结：这是满族的小格格,她穿的是有着各种色彩和图案、花缎的满族服饰,头上的这个装饰叫旗头。

二、欣赏满族旗头,感受纹样的对称美

1. 教师：什么是旗头?（旗头,主要指满族女子的发式）

小结：满族人都会骑射,为了出行方便,女子会把头发盘起梳成发髻,也就是旗头。发展到后来,为了使自己更加美丽,人们就在旗头上装饰了各种绢花和金玉配饰。

2. 教师(出示图2-9-1、图2-9-2)：旗头上有些什么?（幼儿讨论）

图2-9-1

图2-9-2

小结：旗头有各种样式。样式不同,名字也不同,如"两把头""架子头""大拉翅"等。旗头一般装饰有各种花朵、饰品。图片中的旗头中间有各种各样大小不一的花朵和珠片,两侧是垂下来的饰品。

3. 教师：这些花和饰品是怎么排列的?（装饰的饰品中间一组,两边对称,下垂的珠子垂在一边,也可以两边对称。）

三、教师引导幼儿使用材料制作旗头

1. 教师：今天我们一起动手做一个美丽的旗头,变成满族格格。

2. 教师出示黑色的旗头形状的纸型以及各种材料。

（1）制作花朵：可以用手工纸制作花朵,也可以用扭扭棒制作绒花,然后贴在旗头上。

（2）用珠片、吸管、纽扣、珠子等进行对称装饰,也可以用彩笔画出旗头上的装饰品。

（3）在纸筒的下部打两个洞并将带子穿入。

（4）将纸筒固定在旗头的中间,完成旗头的制作。

四、幼儿操作，教师巡回指导

1. 引导幼儿用剪刀将扭扭棒剪成需要的长短，将多根扭扭棒组合在一起，做成绒花。
2. 鼓励幼儿用多种材料进行装饰，并用固体胶或双面胶粘贴。
3. 幼儿应注意把多余的材料放回原处。

五、故宫门前合张影

教师放映有故宫图片的课件，请幼儿将自己做的旗头戴起来，到故宫前走一走，教师帮幼儿拍照，并一起欣赏照片。

幼儿作品

作品 1

作品 2

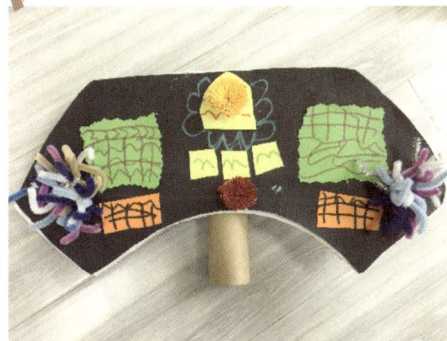

作品 3

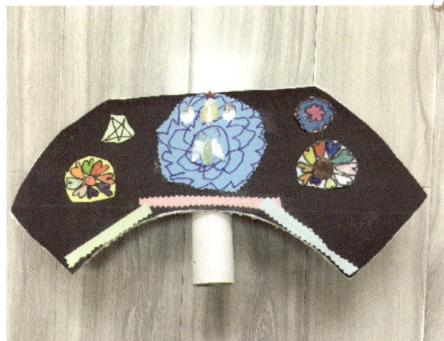

作品 4

活动建议

1. 前期幼儿有看过古装剧的经验,初步了解满族服饰的样式。

2. 活动结束后,教师可以让幼儿继续戴着旗头自拍,最后可以将照片展示出来作为墙饰的一部分。

3. 教师还可以将材料继续投放在美术区角中,让幼儿装饰更多的旗头,并且将旗头戴在头上,让其他小朋友写生绘画。

上海市黄浦区思南新天地幼儿园　顾雯怡

活动十 云肩 大班

活动说明

云肩,也叫披肩,多以彩锦绣制而成,在汉族服饰文化中,是一种独特的服饰款式。云肩的每片云子上或刺绣花鸟草虫、或刺绣戏文故事,装饰图案内涵丰富、工艺精巧,令人赞叹。基于幼儿对传统服饰的了解,并结合大班幼儿的年龄特点,本活动通过欣赏不同样式的云肩,唤起幼儿心中想象、创造的欲望,并让幼儿运用炫彩棒和水彩颜料设计出自己喜欢的云肩。

活动目标

1. 欣赏云肩的不同样式和花纹,感受云肩工艺的精美。
2. 运用各种线条有序地组合,表现云肩花纹的变化。

活动准备

课件、圆形纸、水彩笔。

活动过程

一、视频导入,引发幼儿的兴趣

教师(播放电视剧《延禧攻略》片段):电视剧中演员穿的衣服什么地方最漂亮?(幼儿讨论)

小结：她们衣服上的披肩很漂亮，它有一个好听的名字叫"云肩"。

二、欣赏云肩，感受云肩工艺的精美

1. 教师（出示四合如意、柳叶形云肩的展开图）：这是云肩展开时的样子，上面有些什么图案呢？左边和右边有什么不同呢？（幼儿讨论）

小结：左边的云肩叫四合如意，因为每一片看上去像如意（见图 2 - 10 - 1）的样子，一共有三层，由上往下层层相叠。右边的云肩叫四合柳叶，因为每一片看上去都像柳树的叶子（见图 2 - 10 - 2），一共两层，上面一层柳叶比下面一层的柳叶小，叠在一起就像盛开的花朵。每片如意和柳叶上都有精美的刺绣，上面绣着寿桃、蝙蝠、牡丹花、蝴蝶、花瓶等，象征着平安、如意、幸福、吉祥。

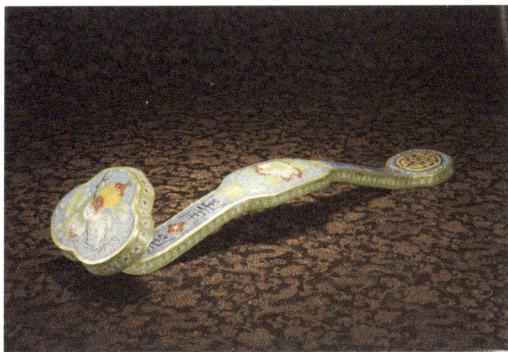

图 2 - 10 - 1

图 2 - 10 - 2

2. 教师（出示对开云肩和八方云肩）：云肩的样式各不相同，根据云子的多少，除了刚才看到的，还有对开云肩、八方云肩。一件精美的云肩需要很长的时间才能绣成，工艺非常精巧。

三、幼儿操作、教师指导

1. 教师：有个服装设计师曾经说过，中国最美的一片云彩，不是挂在天边，而是被古人绣在了披肩上。云肩就像是肩上的一片云霞。今天我们就来设计美丽的云肩。

2. 教师（出示圆形纸）：首先要想好你想画什么形状的云肩，是如意形的还是柳叶形的，然后画在圆形的纸上，并在上面设计好看的花纹和图案。

3. 幼儿操作，教师指导。

（1）鼓励幼儿画出不同形状的云肩。

（2）鼓励幼儿在云肩上用不同纹样进行装饰。

四、展示作品，分享交流

1. 教师将幼儿的作品贴在展示板上，幼儿共同欣赏。

2. 教师引导幼儿说说自己设计的云肩样式和图案。

幼儿作品

作品 1

作品 2

作品 3

作品 4

活动建议

1. 幼儿操作时,教师可以在每一张桌上放一些云肩的图片供幼儿参考。

2. 美术区角中,教师可以结合幼儿不同的发展水平,提供对开、四开或八开等的云肩纸型,让幼儿在上面进行装饰。

3. 活动结束后,教师可以在美术区角中提供各种材料,让幼儿用多元化的方式表现云肩(见图 2-10-3、图 2-10-4)。做好后还可以将云肩放到表演区作为服装道具。

图 2 - 10 - 3

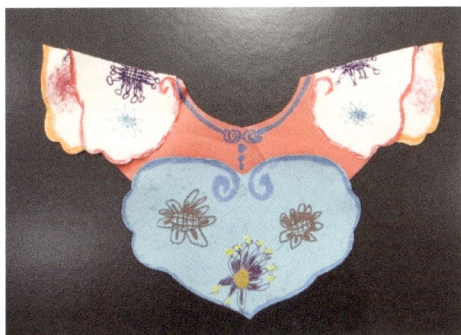

图 2 - 10 - 4

上海市宝山区乾溪第二幼儿园"欣赏＋创想"美术课程课题组

华东师范大学教育学部　林　琳

活动十一

活动说明

美丽的壮锦 大班

　　壮锦是中国四大名锦之一,这种利用棉线或丝线编织而成的精美工艺品,图案生动,结构严谨,色彩斑斓,充满热烈、开朗的民族格调,体现了壮族人民对天地的崇拜和对美好生活的追求与向往,是中华民族的文化瑰宝。本活动中,教师结合大班幼儿图案画的特点,选用四方连续图案,让幼儿在感受壮锦图案的韵律感和配色的丰富多彩的基础上,尝试运用四方连续结构进行图案设计,体验图案装饰的乐趣。

活动目标

1. 了解壮锦的纹样和色彩特点,感受图案的韵律感和配色的丰富多彩。
2. 尝试运用四方连续结构进行图案设计,体验图案装饰的乐趣。

活动准备

课件、炫彩棒、手工纸、剪刀、水彩笔、固体胶。

活动过程

一、欣赏图片，引起幼儿的兴趣

教师(出示图 2-11-1)：你觉得这个地方美吗？你去过这个地方吗？

图 2-11-1

小结：这个有山有水、美丽的地方是广西的桂林，那里生活着很多少数民族，其中有一个叫壮族。他们有一种传统的手工织锦，有着非常漂亮的图案。

二、欣赏壮锦图案，感受图案的韵律美和颜色的对比

1. 教师(出示图 2-11-2)：这就是壮族的织锦，也称壮锦。你们看，这上面有些什么花纹？这些花纹是怎么排列的？这些花纹给你什么样的感觉？(幼儿讨论)

小结：上面有几何图形构成的图案，外圈是长方形，里面是菱形的图案，这些图案不断地重复，相互交织，很有节奏感和韵律感。

2. 教师(出示图 2-11-3、图 2-11-4)：这两幅织锦上有些什么图案？

图 2-11-2

图 2-11-3

图 2-11-4

　　小结：壮锦的图案第一种是以几何装饰图案为主的，图2-11-3以菱形为主，图2-11-4以八边形为主，里面还有圆点、回纹、水纹、云纹等。第二种是以花卉为主题的纹样，图2-11-3中有花卉的图案。第三种是以吉祥瑞兽为主题的纹样，图2-11-4中就有瑞兽的图案。这些图案不断地连续、重复、间隔，带有韵律感。

　　3. 教师：织锦上面有些什么颜色？这些颜色给你什么样的感觉？（幼儿讨论）

　　小结：上面有红色、绿色、黄色、白色、蓝色等，这些颜色非常鲜艳，虽然颜色很多，但是通过对比，我们能够很清晰地看到织锦上的图案。这些颜色，让我们感受到了壮族人民的热烈、开朗的性格。

三、了解壮锦的传说

　　1. 教师讲述壮锦的故事：关于壮锦，还有一个美丽的传说。（详见附故事）

　　2. 教师出示课件中老奶奶织锦的图片：你们看照片上的老奶奶在做什么？（幼儿讨论）

　　小结：这是壮族的老奶奶在用织布机编织壮锦，她们会将自己最美好的愿望和祝福织成一幅幅漂亮的壮锦，这些美丽的图案大多表达吉祥喜庆、美好幸福的含义。因此，壮锦在人们生活中不仅仅是日常用品，它更是有着特殊意义的物品，能够带给亲人、朋友美好的祝福，常被作为贵重而吉祥的礼物。

四、幼儿尝试进行图案装饰，教师巡回指导

　　1. 教师布置任务：既然壮锦那么好看今天小朋友也来设计并"织"出一幅漂亮的壮锦。

　　2. 师幼讨论织锦步骤。

　　（1）第一步，用手工纸剪出自己喜欢的几何图形。

　　（2）第二步，将几何图形的纸按照四方连续的结构排列在底纸上。

　　（3）第三步，用水彩笔在几何图形纸和底纸上画上自己喜爱的纹样，或是用手工纸剪出自己喜欢的纹样，注意纹样的间隔与重复。

五、作品展示，交流分享

　　1. 教师将幼儿的作品贴在展示板上，幼儿互相欣赏。

　　2. 教师引导幼儿说说自己的织锦上有些什么图案，它们是怎么排列的，想要表达什么样的美好愿望。

　　小结：壮锦除了用作生活用品以外，还被广泛地运用于一些建筑、城市生活设施以及舞台布景上（教师出示相应的装饰有壮锦图案的建筑、生活设施等图片），从而打造出浓厚的民族特色。

附故事①：

　　传说古时候，住在大山脚下的一位壮族老妈妈与三个儿子相依为命。老妈妈是一位手艺精湛的织工。她织出了一幅壮锦，上面有房屋，有花园，有田地、果园、菜园和鱼塘，还

---

　　① 参见壮锦传说故事相关介绍，百度百科，https://baike.baidu.com/item/壮锦/305093?fr=aladdin#3。

有鸡鸭牛羊。一天，一阵大风，把壮锦卷向东方的天边，原来是那里的一群仙女拿壮锦做样子去了。老妈妈先后派出了两个年龄稍长的儿子出发去寻找壮锦，但他们都畏惧路途艰辛，拿着钱到城里享福去了。

后来，老妈妈的三儿子在大石马的帮助下，越过火山和大海，找到了红衣仙女，让她还回壮锦。红衣仙女正拿着老妈妈的壮锦样子在织锦，老三趁机拿走了自己家的壮锦，骑马回到老妈妈的身边。老三回到家中，壮锦在阳光下渐渐地延展，变成了美丽的家园。但是，让老三没想到的是，仙女实在是太喜欢老妈妈的壮锦了，便偷偷在壮锦上绣下了自己的像，也被老三带回家中。于是老三就跟她结为夫妻，过上了幸福生活。

幼儿作品

作品1

作品2

作品3

活动建议

1. 活动前，教师可以在美术区角中放置一些四方连续图案的图片供幼儿欣赏，让幼儿初步了解四方连续图案的装饰特点。

2. 活动后，教师可以在美术区角中继续投放剪纸的工具和材料，还可以增加刮画纸和刮画笔,让幼儿尝试运用不同的工具和材料设计壮锦图案,进一步体验四方连续图案的装饰特点(见图2-11-5—图2-11-8)。

图2-11-5

图2-11-6

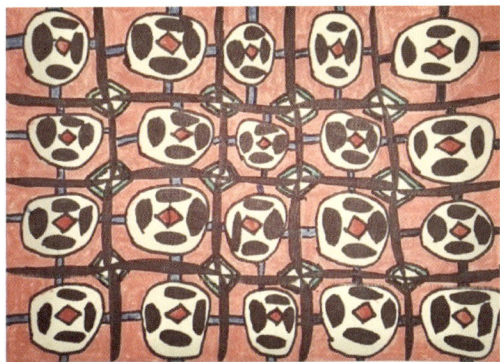

图2-11-7

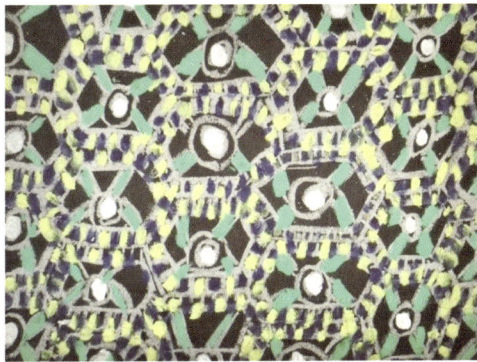

图2-11-8

华东师范大学教育学部　林　琳

上海市普陀区大风车幼儿园　刘咏梅　裘　智　陈　伟

活动十二　扎染　大班

活动说明

扎染是中国传承了千年的手工艺品,是中国传统的手工染色技术之一,晕色丰富,变化自然,趣味无穷。更使人惊奇的是扎结的花即使有成千上万朵,染出后却不会有相同的结果。孩子们在生活中处处可见扎染用品,扎染用品给家庭、给人们的生活带来别样的味道。幼儿通过体验扎染,感受到自然天成的朴素美以及独特的艺术个性,扎结时,扎得宽、窄、松、紧、疏、密的不同,就会造成深浅不一的染色,形成意想不到的效果。

活动目标

1. 欣赏扎染作品,感受扎染作品中色彩自然渗透的美。
2. 初步尝试扎染彩色的花布,体验扎染的乐趣。

活动准备

课件、素色布料、颜料、夹子、橡皮筋、木棒、吸管。

活动过程

一、扎染生活用品导入,引起幼儿的兴趣

1. 教师穿着扎染服饰出现在幼儿面前并提问:小朋友,你觉得这件衣服好看在什么地方? 你知道这些漂亮的图案是用什么方法做出来的吗?

小结:这件衣服是用扎染的方法做出来的。图案没有光滑的轮廓线,图案之间的颜色融合在一起,相互渗透。这就是扎染的魅力!

2. 教师(出示图 2 - 12 - 1—图 2 - 12 - 3):用扎染的工艺还可以做出哪些生活用品呢?

图 2 - 12 - 1

图 2 - 12 - 2

图 2 - 12 - 3

小结：用扎染的工艺还可以做出帽子、围巾、桌巾、门帘、服装、民族包、枕巾、床单、扇子、灯罩等上百种物品。这些优秀的工艺品，作为特色旅游纪念品远销美、法、德、日等国家，受到外国朋友的喜爱。

二、师幼共同讨论扎染的方法

1. 教师：扎染是中国民间传统而独特的染色工艺，我们也来学习如何操作吧。

2. 教师（出示图2-12-4—图2-12-6）：这是扎染的过程，我们一起来看看怎样让一块白布变出漂亮的扎染图案。

图2-12-4   图2-12-5

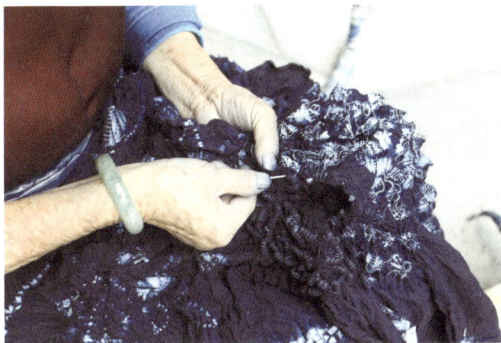

图2-12-6

（1）看图说一说扎染的过程。

小结：扎染工艺分为结扎和染色两部分，结扎是用橡皮筋或是绳子将折叠后的布扎起来，染色是将扎好的布放到颜料中浸泡。染好颜料后要等待一会再打开，让颜料有充分的时间渗透到布里。

（2）为什么扎染后的布有的地方有花纹，有的地方没有呢？

小结：橡皮筋扎起来的部分因为没有浸染到颜色，所以是白的。浸染到颜色的部分，因为折叠方法不同，所以就有了不同的花纹。

3. 教师边出示材料边介绍：扎染的材料包括布、颜料水、夹子、橡皮筋、木棒。

三、幼儿操作，教师指导

1. 鼓励幼儿用不同的方法折叠布料。
2. 引导幼儿用不同的颜料进行扎染。
3. 注意等待颜料渗透到布料中以后再打开。

四、展示作品，欣赏交流

1. 教师展示幼儿的作品，让幼儿说说最喜欢哪块扎染布，原因是什么。

小结：小朋友在扎结时，扎得宽、窄、松、紧、疏、密的不同，就会造成深浅不一的染色，形成意想不到的效果。所以说，世上不可能有完全相同的扎染饰品，这就是扎染的独特魅力。

2. 教师（出示图2-12-7—图2-12-9）：由于扎染的方式以及颜料在染布上部位的不同，可以形成不同的图案，我们一起来欣赏一下。之后我们也可以在区角活动中尝试扎出不同的图案。

图2-12-7

图2-12-8

图2-12-9

幼儿作品

作品 1

作品 2

作品 3

作品 4

活动建议

1. 活动前,教师可以将扎染图案集结成册,放在美术区角中供幼儿欣赏,同时也可以引导幼儿学习扎染简单图案。

2. 关于扎染的过程,教师可以在网上找一些视频让幼儿观看,加深幼儿对扎染过程的了解。

3. 本次活动主要是让幼儿体验扎染的方法,知道扎染的步骤,活动结束后教师可以继续在美术区角中提供更多扎染作品供幼儿欣赏,引导幼儿用更多颜色和方法扎出不同的图案。

华东师范大学教育学部 林 琳

上海市普陀区大风车幼儿园 张 爽

活动十三 古朴而粗犷的藏饰 大班

生活在世界屋脊上的藏族人民,因为长年累月面对着雪山、草原和星夜,独特的文化使他们的首饰具有古朴而粗犷的美。聪明的藏族人民将各种原始材料打磨出具有美好寓意的各种藏族首饰。活动中教师引导,幼儿欣赏不同材质、造型、色彩的藏饰,来感受藏族人民对于美好生活的向往。结合大班幼儿手工制作的特点,教师引导幼儿使用超轻黏土,通过模具压制以及各种手工技能的运用,设计出独特的具有藏族风格的项链。

活动目标

1. 了解藏族首饰的特点,感受藏族首饰古朴而粗犷的魅力。
2. 尝试制作和装饰项链,体验对称装饰的乐趣。

活动准备

课件、各色超轻黏土、手工制作小用具、粘贴项链的黑色底板。

活动过程

一、图片导入,引起幼儿的兴趣

教师(出示图 2-13-1、图 2-13-2):小朋友们,你们知道她们是哪个少数民族的姑娘吗? 为什么?(幼儿讨论)

图 2-13-1　　　　　　　　　　图 2-13-2

小结：这是藏族的姑娘们。西藏，是世界的屋脊，地处神奇的雪域高原。藏族人民长年累月面对着雪山、草原和星夜，独特的文化使他们的首饰具有古朴而粗犷的美。

二、欣赏藏族首饰，感受藏族首饰的独特魅力

1. 教师（出示图2-13-3—图2-13-6）：我们一起来做个游戏"看图猜物"，猜猜这些是什么，猜出来，你就知道藏族首饰的制作材料了。

图2-13-3

图2-13-4

图2-13-5

图2-13-6

2. 教师小结。

（1）牦牛骨。在藏族人民看来，和他们生活息息相关的牦牛是美好而神圣的动物，人们将牦牛骨作为一种独特的装饰品，原始自然、粗犷豪放，给佩带者增添了一种野性的魅力。

（2）绿松石。藏族人民觉得佩戴绿松石，尤其是与蓝宝石一起佩戴，能带来成功及幸运。他们认为佩戴绿松石还能避免受到污染物污染，可以强壮身体。绿松石象征成功、吉祥、富贵、平安。

（3）有机宝石。红珊瑚石、珍珠、琥珀等都是有机宝石，红珊瑚形状像棵树，生长在200～2 000米的深海中。质地坚实，美丽娇艳。

藏族人民用他们灵巧的双手，通过上述各种材料，以及藏银、藏铜等，打磨出各种藏族首饰，并坚信藏饰能给他们带来吉祥、如意、平安、幸福、快乐。

3. 教师(出示图 2-13-7):我们一起看看图中藏族姑娘戴的是什么样的项链。

图 2-13-7

小结:项链上有圆形、扁圆、圆柱形的珠子,红珊瑚石和藏银相间间隔,吊坠上镶嵌着绿松石,刻有花纹,外面一串链子由圆形的牦牛骨珠子组成,挂着一个大大的圆形吊坠。

三、幼儿学做项链,教师指导

1. 教师:藏族首饰真好看,今天我们一起来学做漂亮的藏族项链。你想做一条什么样的项链呢?(幼儿讨论)

2. 师幼共同讨论制作的方法。

(1)幼儿挑选自己喜欢的超轻黏土颜色,将各色超轻黏土用模具刻成不同的花纹。

(2)先做吊坠,想一想吊坠是什么形状的。可以是各种几何图形,也可以是动物形状。吊坠上面可以用不同的花纹装饰。

(3)再做链子,想一想链子由什么形状和颜色的超轻黏土组成的,可以是圆形的,可以是长条形和圆形的间隔,也可以是不同大小的圆形组合,中间还可以镶嵌用模具刻出的花纹。

(4)最后将链子和吊坠进行组合,制作出一条独一无二的项链。

3. 幼儿制作,教师巡回指导。

(1)鼓励幼儿设计出与众不同的项链。

(2)引导幼儿借用模具刻出不同的形状与花纹。

(3)引导幼儿尝试运用多种方法组合项链。

四、展示作品,欣赏交流

1. 教师将幼儿的作品贴在"藏饰设计展"展示板上,让幼儿说说自己最喜欢的项链以及喜欢的理由。

2. 教师播放西藏歌曲,幼儿和着乐曲一起跳舞。

幼儿作品

作品1

作品2

作品 3　　　　　　　　　　　　　　　作品 4

作品 5　　　　　　　　　　　　　　　作品 6

活动建议

1. 幼儿操作时,教师可以在每一桌上放置多张藏族项链的图片,同时用 PPT 循环播放这些图片,供幼儿参考。

2. 活动之前,教师可以播放和西藏相关的视频,让幼儿对神奇的雪域高原有初步的认知。

3. 活动结束后,教师在美术区角中继续投放超轻黏土和模具,鼓励幼儿制作出更多样式的藏族项链。

华东师范大学教育学部　林　琳

上海市普陀区大风车幼儿园　钱卫春　徐晨帆

虎头鞋 大班

活动说明

虎头鞋是中国传统手工艺品之一,是一种童鞋。它既有实用价值,也有观赏价值,同时它又是一种吉祥物,承载着长辈对于孩子们健康成长的希冀。活动中,教师可以引导幼儿欣赏虎头鞋夸张的造型和对比强烈的色彩,感受虎头鞋纹样的对称美。本活动让幼儿在欣赏和了解虎头鞋制作流程的基础上尝试用超轻黏土设计出自己喜欢的虎头鞋。

活动目标

1. 欣赏虎头鞋上色彩的对比和纹样的对称,感受虎头鞋的夸张表现。
2. 尝试用超轻黏土表现虎头鞋,体验手工制作的快乐。

活动准备

每桌一双虎头鞋实物、超轻黏土、小刮刀、剪刀。

活动过程

一、欣赏虎头鞋,萌发幼儿活动兴趣

1. 教师(出示图 2 - 14 - 1、图 2 - 14 - 2):这两双鞋子和小朋友平时穿的鞋子有什么不同? 你会给它起个什么名字? (幼儿讨论)

图 2 - 14 - 1

图 2 - 14 - 2

小结:这是一种童鞋,因鞋头呈虎头模样,故称虎头鞋。虎头鞋是中国传统手工艺品之一,长辈希望自己的孩子长得虎头虎脑,虎虎生威,所以让孩子穿上形象逼真的虎头鞋,

保护孩子没病没灾,健康成长。

2. 教师出示实物虎头鞋,幼儿分组观察。

(1) 虎头鞋的鞋头上有虎脸,虎脸长得什么样呢?

小结:虎头鞋上的虎脸,鼻子是寿桃形的,眼睛圆圆的,虎嘴、眉毛等处常采用粗线条勾勒,虎头中间有一个王字或是用花纹代替,鞋帮上还有脚和爪子,整个图案夸张地表现出虎的威猛。

(2) 虎头鞋上有些什么颜色?

小结:虎脸是整个虎头鞋最能出彩的地方,几缕彩色的丝线转眼间就变成了一张生机勃勃的虎脸,雪白的寿桃鼻,黑色的老虎眼,粉嘟嘟的莲花脸,再用金色的丝线勾一下边,整个虎脸就更漂亮了。

二、共同探索、制作虎头鞋

1. 教师:刚才我们看了用布和线缝制的虎头鞋,今天我们用彩泥也来做一双虎虎生威的虎头鞋。

2. 教师:泥工虎头鞋要用到什么工具和材料呢?(超轻黏土、小木棒、剪刀)

3. 教师:虎头鞋先做什么,再做什么呢?(幼儿讨论)

小结:先要用超轻黏土做出鞋子的样子,中间挖个洞,这样才能把脚伸进去,然后把鞋头装饰成老虎的样子,可以用超轻黏土做出老虎的眼睛、嘴巴、胡须,再做一个大大的"王"字,别忘了还有两只尖尖的耳朵。

三、幼儿创作,教师巡回指导

1. 教师引导幼儿通过按一按、搓一搓、捏一捏、刻一刻的方法来制作虎头鞋。

2. 教师鼓励幼儿制作出不同的虎脸。

四、作品展示,交流分享

1. 教师将幼儿作品展示在展示台上,共同欣赏。

2. 教师请幼儿说说自己的虎头鞋用了什么颜色的超轻黏土让虎头鞋看起来虎虎生威。

幼儿作品

作品1

作品2

活动建议

1. 活动之前,教师可以在美术区角中投放虎头鞋实物及图片让幼儿欣赏,初步了解虎头鞋的结构。

2. 活动结束后,教师可以将各种材料投放在区角中,幼儿可以继续用超轻黏土制作虎头鞋,也可以用绘画的方式表现虎头鞋。

上海市黄浦区思南新天地幼儿园　毛家滢

活动十五　时尚旗袍秀　大班

活动说明

旗袍是中国传统服饰的代表,不但第一夫人、女性外交官员在外事活动中身穿旗袍,在中国举办的历次大型国际会议和体育盛会礼仪小姐的服饰也较多选择旗袍。旗袍色彩绚丽醒目,款式别致,图案多为传统的中国纹饰,甚至还有以中国水墨画手法描绘的花卉图案设计的手绘旗袍,充分展现出中华民族悠久的历史文化。本活动中,教师可以引导幼儿欣赏不同款式、色彩、图案的旗袍,并了解旗袍的特点。最后,幼儿可以尝试利用多种材料在旗袍纸型上运用各种方法,如拓印、手绘等进行装饰。

活动目标

1. 初步了解旗袍的特点,感受旗袍的典雅美。
2. 尝试利用多种材料装饰旗袍,体验设计和装饰的乐趣。

活动准备

旗袍的视频及图片若干,旗袍底版、盘扣、颜料、水彩笔、炫彩棒等。

活动过程

一、幼儿初步感受旗袍的美

教师穿着旗袍,引起幼儿兴趣并提问:今天老师穿的这条裙子有个好听的名字,你知道吗?你觉得这样的裙子好看在什么地方?(幼儿讨论)

　　小结：这条裙子有个好听的名字，叫旗袍，旗袍是中国传统服饰的代表之一，不但第一夫人、女性外交官员在外事活动中身穿旗袍，在中国举办的历次大型国际会议和体育盛会礼仪小姐的服饰也多选择旗袍。所以，法国著名服装设大师皮尔·卡丹曾说："在我的晚装设计中，有很大一部分作品的灵感来自中国的旗袍。"

二、欣赏旗袍，了解旗袍的特点

　　1. 教师：旗袍究竟有什么样的魅力让那么多人喜欢它，我们一起来探究一下吧。虽然说旗袍有很多款式，有长有短，有长袖有短袖，还有无袖，裙摆有直摆、宽摆等，但是一些基本的特点不会变。

　　2. 教师（出示图2-15-1、图2-15-2）：旗袍的第一个特点是开襟。我们穿的衣服可以从中间或某个地方分开，就叫开襟。请你找找自己或同伴的衣服是在什么地方分开的？

图2-15-1　　　　　　　　　　　　　图2-15-2

　　小结：小朋友的外套有的是拉链开襟，有的是纽扣开襟。

　　3. 教师：你们找一找旗袍的开襟是开在哪边的？（大多开在右边）

　　4. 教师：旗袍第二个特点是立领盘扣。看看旗袍的领子和我们现在衣服有什么不一样？

　　5. 教师：我们用纽扣或拉链将衣服分开的部分连起来，旗袍是用什么将分开的部分连起来的呢？

　　小结：旗袍的领子是立领，旗袍用盘扣将分开的部分连起来，盘花扣是中国人发明的，也是中国结的一种。

　　6. 教师：旗袍的第三个特点是开衩。找一找，旗袍哪里是开衩的？

　　小结：在旗袍的裙摆处有开衩，这样方便走路和弯腰。

　　7. 教师（出示图2-15-3、图2-15-4）：旗袍上有些什么图案？（幼儿讨论）

　　小结：旗袍除了款式很美，它的色彩和图案也很美。现代常见的旗袍织锦缎，图案多为传统的中国纹样，如凤凰、龙、富贵花、梅花等，还会有其他各种花卉图案。

图 2 - 15 - 3　　　　　　　　　　　　　图 2 - 15 - 4

三、幼儿操作，教师巡回指导

1. 教师：无论是在国际时装舞台，还是日常工作和生活，旗袍以多变的姿态展现着女性美，演绎着别样的东方风情。今天我们也来做一件旗袍。

2. 装饰旗袍的材料有很多，教师可以边出示材料边介绍：炫彩棒、水粉颜料、金银笔、水彩笔、手工纸等。

3. 教师：请你选择一种自己喜欢的材料在旗袍上进行装饰，可以选用一种材料表现，也可以运用多种材料组合表现。

4. 幼儿创作，教师巡回指导。

（1）鼓励幼儿选择不同的材料进行装饰。

（2）需要注意纹样装饰的连续性、对称性。

（3）装饰完以后，引导幼儿将事先做好的盘扣粘贴在旗袍相应的位置上。

四、展示作品，相互欣赏交流

1. 教师将幼儿的作品贴在展示板上，并说说自己是用什么材料进行装饰的。

2. 教师播放音乐，女孩子身着旗袍进行表演。

幼儿作品

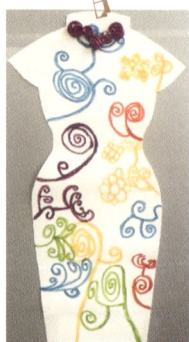

作品 1　　　　　　　　作品 2　　　　　　　　作品 3

作品 4

作品 5

作品 6

作品 7

活动建议

1. 活动之前,教师可以在美术区角中投放盘扣图片供幼儿欣赏,并引导幼儿用纸条制作盘扣,用于旗袍的装饰。

2. 在欣赏过程中,教师主要是引导幼儿发现旗袍的特点,有条件的话可以提供真实的旗袍让幼儿欣赏。

3. 在创意制作的过程中,教师可以根据自己班级实际能力提供材料,或重点在于色彩的运用,或重点在于装饰的美观,主要是发挥幼儿的独特创造力,设计出与众不同的作品。

4. 活动结束后,教师可以将材料继续投放在美术区角中,并可增加不同的材料,如珠片、扭扭棒等,让幼儿用其他的方式装饰旗袍(见图2-15-5—图2-15-9)。

图2-15-5　　　　　　图2-15-6　　　　　图2-15-7　　　图2-15-8　　　图2-15-9

华东师范大学教育学部　林　琳

上海市普陀区大风车幼儿园　吴　怡　钱卫春

活动十六　风筝　大班

活动说明

风筝有着悠久的历史和高超的技艺,放飞风筝是幼儿常见的一项户外运动。活动中,教师选择具有不同造型和色彩的风筝,引导幼儿欣赏风筝上的传统图案,使他们了解这些图案的美好寓意,并尝试运用对称法在自制风筝上进行装饰。

活动目标

1. 欣赏不同造型和色彩的风筝,感受风筝的对称美。
2. 尝试运用综合材料装饰风筝,体验自制风筝的乐趣。

活动准备

课件、不同外形的风筝面、颜料、画笔、剪刀、胶水、彩纸(手工纸、泡沫纸)等。

活动过程

一、欣赏风筝,了解放风筝的习俗

1. 教师(出示风筝):小朋友,这是什么?
2. 教师:你们放过风筝吗? 放风筝的时候,你有什么感觉?(幼儿讨论)
3. 教师:你知道风筝最早是用什么材料做的? 它有什么作用呢?

小结:相传有个叫墨翟的人想用木头制成木鸟,研制了三年才完成,是人类最早的风筝起源,那时的风筝叫木鸢。在中国古代,风筝一直是战争时通讯和侦探的重要工具,并能带上火药用作战争进攻的武器。

由于造纸业的出现,风筝改由纸糊,很快传入民间,人们在清明时节会去放飞风筝,以此寄托对逝去亲人的怀念。现在,放风筝已经成为我们喜爱的一项户外活动了。

二、欣赏风筝,感受风筝造型和色彩的对称美

1. 教师(出示图 2-16-1、图 2-16-2):风筝上有些什么图案? 你觉得这些图案是什么意思?

图 2-16-1

图 2-16-2

小结：风筝上有蝙蝠、狮子、龙、金鱼、回纹、云纹等。这些图案有着喜庆、长寿、吉祥和祝福的含义。

2. 教师：风筝上的图案是怎么排列的？你觉得好看吗？

小结：风筝中间的图案是独立的，两边翅膀上的图案是对称的，如左右两边各有两条龙，它们是对称的，中间的龙头是正面的（见图2-16-2）。

3. 教师（出示图2-16-3—图2-16-5）：除了传统的风筝，还有其他各种各样的风筝，你们看看这些风筝是什么样子的？

 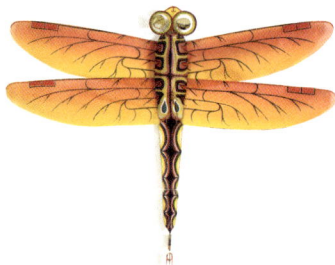 

图2-16-3　　　　　　　　图2-16-4　　　　　　　　图2-16-5

小结：风筝的样式主要是模仿大自然的生物，如雀鸟、昆虫等，还有各种几何形体。

三、了解风筝运动

1. 教师：你们知道风筝怎样才能飞上天吗？（幼儿讨论）

小结：风筝上天有两个必要的条件：一是风筝要在有风的天气下，风筝才能放飞。二是风筝都需要有提线的牵引，"断线的风筝"在短暂地飘远之后必定会掉下来。

2. 教师：你们知道放风筝对身体有什么好处吗？（幼儿讨论）

小结：春天放风筝，对人的身体健康非常有益。放风筝时，可以舒展筋骨，让身体随着放飞的风筝不停地移动，可以活动身体的各个关节。同时，放风筝时可以尽情呼吸着新鲜的空气，促进人体的新陈代谢。此外，放风筝时，双眼面对蓝天，飞行的风筝千姿百态，可以消除眼睛的疲劳，预防近视。

四、幼儿操作，教师巡回指导

1. 教师：看了这么多漂亮的风筝，我们也一起来制作属于自己的风筝吧。

2. 教师布置创作要求。

（1）先想好风筝的形状，再想一想画什么图案，画在什么地方。

（2）画完以后可以用手工纸、彩纸等进行装饰。

3. 幼儿创作，教师巡回指导。

（1）鼓励幼儿尝试用不同的工具、材料进行创作。

（2）引导幼儿注意图案和色彩的对称。

（3）引导幼儿画完以后用各种手工纸进行装饰。

五、展示作品，分享交流

教师可以将幼儿作品展示在展板上，师幼共同欣赏，说说喜欢哪一组的风筝及喜欢的原因。

小结：中国风筝有着悠久的历史和高超的技艺，有好几项打破了吉尼斯世界纪录。2011 年中国举办了万人同放风筝活动，是世界上同时放飞人数最多的。有一只章鱼软体风筝有 1 500 平方米，是世界上最大的风筝。还有一只世界上最长的风筝，它有 6 000 米长，全部放飞升空需要花 6～8 个小时。山东潍坊是"世界风筝之都"，有机会可以让爸爸妈妈带你们去那里看看"国际风筝节"。

幼儿作品

作品 1

作品 2

作品 3

作品 4

作品 5

◎ 活动建议

1. 活动结束后,教师可以在美术区角中投放小号的风筝面供幼儿继续装饰风筝。也可以让幼儿用自己喜欢的方式设计和装饰风筝。

2. 天气晴好的时候,教师可以带领幼儿一起去户外放飞他们自己制作的风筝。

上海市宝山区乾溪第二幼儿园"欣赏＋创想"美术课程课题组

华东师范大学教育学部　林　琳

活动十七　稻草人　大班

活动说明

稻草人是农民为守护田地,以防鸟雀糟蹋粮食等庄稼,而立于田边的稻草做的人偶。秋天一望无际的金黄色稻田里,稻草人成为了麦田的守望者。本活动中,教师引导幼儿在了解稻草人基本造型的基础上,通过捆、扎、包等动作制作稻草人,并尝试运用不织布、扭扭棒等材料进行装饰,创造出与众不同的稻草人,体验利用废旧材料创意将腐朽化为艺术。

◎ 活动目标

1. 了解稻草人的基本结构和特点,感受稻草人朴实的美。

2. 学会用捆、扎、贴、画等技能制作稻草人,体验手工制作的快乐。

◎ 活动准备

经验准备:看过稻草人,初步学会捆扎稻草。

材料准备:幼儿人手一捆剪齐的稻草、丝带、剪刀、白纸、蜡笔、双面胶。

◎ 活动过程

一、谈话导入,引起幼儿兴趣

1. 教师(出示图 2-17-1):这是哪里? 你能看出来这是什么季节吗?

图 2-17-1

2. 教师:秋天稻田里的稻谷被农民收割,稻秆晒干以后就变成了稻草。

二、幼儿欣赏稻草人,感受稻草人的朴实美

1. 教师(出示图 2-17-2,图 2-17-3):稻田里的稻草人是用来做什么的?(幼儿讨论)

图 2-17-2

图 2-17-3

小结：稻草人是农民为守护田地,以防鸟雀糟蹋粮食等庄稼,而立于田边的用稻草做的人偶。因为它是用稻草做的,所以被称为"稻草人"。

2. 教师出示做好的稻草人:稻草人长什么样?(幼儿讨论)

小结：稻草人跟我们一样有两只手、两只脚,还有一个圆脑袋。稻草人也可以在稻草做好的人形外面套上衣服、裤子等。

三、幼儿尝试制作稻草人

1. 师幼共同讨论制作步骤。

(1) 先把稻草分成两份,大的一份体积是小的一份的两倍。

(2) 大份的稻草对折,用草绳扎起来代表头部(见图2-17-4),将小份的稻草从结扎的草绳下端穿过,并用草绳在手臂、身体处扎紧,将手部多余的稻草剪去(见图2-17-5)。

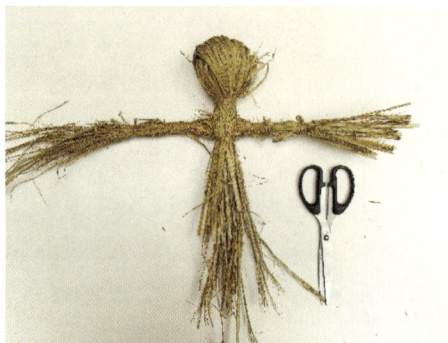

图2-17-4　　　　　　　　　　图2-17-5

(3) 将大份稻草垂下的部分一分为二,用草绳分三段扎紧,并用剪刀将多余的部分剪去(见图2-17-6、图2-17-7)。

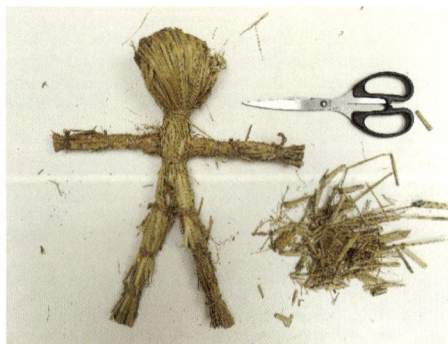

图2-17-6　　　　　　　　　　图2-17-7

(4) 用不织布、扭扭棒、活动眼睛等材料进行装饰。

2. 幼儿操作,教师巡回指导。

(1) 教师引导幼儿按顺序扎出稻草人。

(2) 教师引导幼儿尝试用不同的材料装饰稻草人,制作出独一无二的稻草人。

四、展示作品,分享交流

教师展示幼儿作品,让幼儿说说自己扎了一个什么样的稻草人,并用动作模仿自己喜欢的稻草人。

幼儿作品

作品1

作品2

作品3

作品4

活动建议

1. 幼儿在系、扎等环节有困难时,教师可以给予适当的帮助,鼓励幼儿扎出不同形态的稻草人。

2. 活动之前,教师可以在区角中投放稻草,让幼儿学习如何系、扎,为集体教学做技能上的准备。

3. 教师在美术区角中可以继续投放各种材料，让幼儿尝试用其他材料进行装饰。

上海市黄浦区思南新天地幼儿园　王振华

活动十八　形形色色的民族乐器　大班

活动说明

民族乐器即中国独特的乐器，是代表中华传统音乐文化的乐器。本活动中，教师首先让幼儿用耳朵去感受不同民族乐器带来的不同欣赏效果，初步了解各种民族乐器，从中感受民族乐器的多样性。再让幼儿用各种线条和图案装饰自己喜欢的民族乐器，最后欣赏民乐合奏的视频，用肢体动作模仿各种民族乐器的演奏姿势，在听听、想想、画画、动动中感受中华传统民乐带来的独特体验。

◎ 活动目标

1. 初步了解各种民族乐器，感受民族乐器的多样性。
2. 尝试画出不同民族乐器的基本造型和特征，并用各种线条、图案装饰乐器。

◎ 活动准备

课件、各种乐器演奏的乐曲、乐器图片、记号笔、圆形画纸。

◎ 活动过程

一、乐曲导入，引起幼儿兴趣

教师（播放琵琶演奏的曲子）：你知道这是什么乐器演奏的吗？听了这首乐曲，你有什么感受？（幼儿讨论）

二、初步认识主要的民族乐器

1. 教师：刚才听的乐曲是用琵琶演奏的，我们一起来了解一下这种乐器吧。
2. 教师（出示图 2-18-1）：琵琶是什么形状的？上面有什么？琵琶是怎样演奏的？（幼儿讨论，并用肢体动作模仿）

图 2 - 18 - 1

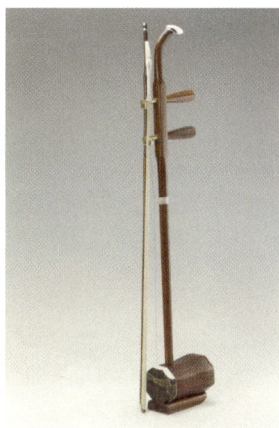
图 2 - 18 - 2

小结：琵琶是弹拨乐器，琵琶的音箱呈半梨形，上面有四根弦，演奏时竖着抱琴，左手按弦，右手五指弹奏。

3. 教师(播放二胡演奏的曲子)：我们再来听听另一种民族乐器演奏的曲子。请你说说这是什么乐器演奏的？听了这首乐曲，你有什么感受？(幼儿讨论)

4. 教师(出示图 2 - 18 - 2)：这首曲子是用二胡演奏的。二胡是什么样的？是怎样演奏的？(幼儿讨论，并用肢体动作模仿)

小结：二胡又名胡琴，是拉弦乐器，由琴筒、琴杆、琴弦、琴弓等构成。琴筒有不同的形状，如六角、八角等，上面有两根弦，演奏时，一手持琴，另一手拉弓。

5. 教师：刚才我们认识了两种主要的民族乐器，其实民族乐器是一个大家庭。它们可以分为弹拨乐器，如古筝、琵琶、柳琴等；吹管乐器，如笛子、唢呐、葫芦丝等；拉弦乐器，如二胡、马头琴、京胡等；打击乐器，如编钟、鼓、锣等。

三、配对游戏，加深对民族乐器的认识

1. 教师：我们一起来做个游戏，听乐曲猜乐器。就是听一段乐曲，猜猜这是由哪种乐器演奏的。

2. 教师播放乐曲，让幼儿猜一猜是哪种乐器演奏的。猜对后教师出示相应的乐器图片(图 2 - 18 - 3—图 2 - 18 - 6)，并模仿演奏乐器时的动作。

图 2 - 18 - 3

图 2 - 18 - 4

图 2-18-5

图 2-18-6

四、幼儿操作，教师巡回指导

1. 教师：刚才我们认识了那么多民族乐器，你们想不想把自己喜欢的乐器画下来呢？

2. 教师：今天画画的纸张是圆形的，乐器要画在圆形的纸张里。画好乐器以后，可以用花纹装饰乐器，使它变得更漂亮。

3. 幼儿创作，教师进行个别指导。

（1）引导幼儿关注不同民族乐器的外形特征和基本结构。

（2）要注意画面黑与白、线与面的搭配。

五、幼儿经验分享及作品展示、欣赏

1. 教师展示幼儿作品，让幼儿猜猜作品中画的是哪一种民族乐器。

2. 教师播放民乐合奏的视频，幼儿可以根据视频用动作模仿自己喜欢的乐器的演奏姿势。

幼儿作品

作品1

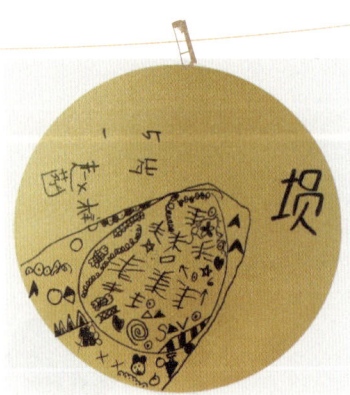

作品2

作品 3

作品 4

活动建议

1. 活动中教师要引导幼儿关注各种乐器的外形和基本结构,为之后的表现打下基础。

2. 活动之前教师可以在区角内提供各种民族乐器的图片以及民乐演奏的视频,让幼儿在经验上有所准备。

上海市宝山区乾溪第二幼儿园"欣赏＋创想"美术课程课题组

华东师范大学教育学部　林　琳

系列活动　东方神韵的青花瓷

活动说明

青花瓷又称白地青花,是中国瓷器的主流品种之一。青花瓷图案是蓝色的,底色是白色的,青花图案丰富多彩,明净素雅,具有中国水墨画的艺术魅力。根据大班儿童的认知特点,本系列活动中,既让幼儿了解瓷器烧制的过程,感受青花瓷的色彩特点、纹样装饰特点,又让幼儿通过对不同青花器型以及图案装饰不同位置的感知,体验青花瓷的艺术魅力。同时,知道青花图案不仅能用于各种器型上,在生活中也充满了各种青花图案。教师引导幼儿尝试探索与运用不同的表现手法,如刮画、版画、写生、圆盘装饰、瓶子装饰等,创意表现各种青花瓷。

活动十九

活动说明

刮画青花瓷壶 大班

活动目标

1. 欣赏青花瓷壶,感受图案装饰美。
2. 尝试用刮画形式表现青花瓷壶,体验刮画的快乐。

活动准备

青花瓷壶课件、刮画用底纸、刮画笔、各色手工纸、剪刀。

活动过程

一、图片导入,引起幼儿的兴趣

教师(出示图2-19-1):这只茶壶与你们平时看到的有什么不一样?(幼儿讨论)

图2-19-1

小结:这是青花瓷壶,它有白色的底,上面有蓝色的花,古代的时候把蓝色称作"青",所以叫青花瓷。

二、欣赏青花瓷壶,了解壶上的各种图案

1. 教师:这只青花瓷壶上有哪些图案,它装饰在茶壶的什么部位?
小结:茶壶上有荷花,荷花的四周是缠枝,壶口和壶底有一圈花纹。
2. 教师(出示图2-19-2—图2-19-4):这些茶壶上有哪些图案和花纹,它们分别装饰在茶壶的什么部位?(幼儿讨论)

图 2 - 19 - 2

图 2 - 19 - 3

图 2 - 19 - 4

　　小结：这些图案有动物、植物、山水等。常见的动物有龙、凤、大象、仙鹤、狮子、喜鹊等，植物有桂花、牡丹、莲花、荷花、梅花等，象征着吉祥，有着美好的寓意。除了各种图案，茶壶上还有花纹，这些花纹可以装饰在壶盖、壶身，甚至壶嘴、壶把手等处。

三、师幼共同探讨刮画青花瓷器的基本制作步骤

　　1. 教师：今天我们要用一种特别的方式来设计青花瓷壶——刮画。

　　2. 教师讲解刮画步骤。

　　步骤一：选择一张刮画底纸。

　　步骤二：用刮画笔在底纸上刮出青花瓷壶的外形轮廓，壶的形状可以各不相同，然后再刮出主要的图案和连续的花纹。

　　步骤三：沿着茶壶轮廓线将它剪下来后贴到自己喜欢的彩色手工纸上，再沿着茶壶的外轮廓剪下来。

四、幼儿创作，教师巡回指导

　　1. 教师鼓励幼儿尝试用不同的图案和花纹装饰茶壶。

　　2. 教师引导幼儿沿着茶壶的边缘剪纸，在手工纸和刮画纸之间留有一条边。

　　3. 教师要提醒幼儿剪纸时一边转动纸张一边剪。茶壶把手处的镂空要注意修剪光滑。

五、展示作品，欣赏交流

教师将幼儿的作品展示出来，请幼儿说说最喜欢哪个茶壶以及喜欢的理由。

幼儿作品

作品1

作品2

作品3

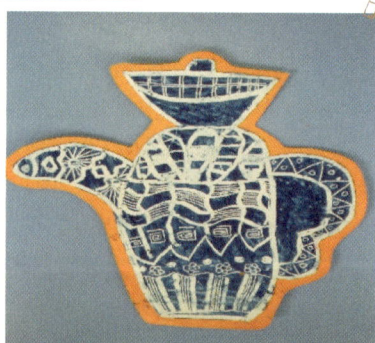

作品4

活动建议

1. 因为集体教学活动时间有限，因此本活动之前，幼儿可以先制作刮画底纸。用白色油画棒在铅画纸上涂一层厚厚的底色，然后在白色层上面再用蓝色的油画棒涂上厚厚的一层，完成后以备用。

2. 活动结束后教师可以将刮画材料和工具继续投放在美术区角中，幼儿可以尝试刮出其他形状的青花瓷器。同时，幼儿可以用其他颜色增加背景，创作出不一样的画面效果（见图2-19-5、图2-19-6）。

图 2 - 19 - 5

图 2 - 19 - 6

华东师范大学教育学部 林 琳

上海市普陀区大风车幼儿园 陈 伟

活动二十

版画青花瓷 大班

活动说明

活动目标

1. 欣赏各种青花瓷器，了解不同器型的青花瓷的装饰特点。
2. 尝试用版画形式表现青花瓷器，体验制版印刷的乐趣。

活动准备

经验准备：幼儿有制作版画的经验。

材料准备：课件、不同器型的青花瓷器、蓝色油墨、铅画纸、滚筒、KT 板、刮画刀。

活动过程

一、欣赏青花瓷器，了解不同的器型和图案

1. 教师出示各种青花瓷器实物：这些青花瓷器有些什么形状？（幼儿讨论）

小结：青花瓷器有瓶子、盘子、罐、壶、碗等，它们的形状是各式各样的，有的是椭圆

形,有的是圆形,有的是上窄下宽,有的是下宽上窄,还有的是上下两头窄、中间圆圆的。

2. 教师:青花瓷器上有哪些图案呢?(幼儿讨论)

小结:这些图案包括动物、植物、人物、山水。常见的动物有龙、凤、大象、仙鹤、狮子、喜鹊等,植物有桂花、牡丹、莲花、荷花、梅花等,象征着吉祥,有着美好的寓意。其他图案还有山水风景、神话故事等。

3. 教师:除了各种图案,瓷器上还有很多花纹,你们看到过哪些花纹?(幼儿讨论)

小结:常见的花纹有海水纹、回纹、云头纹、蕉叶纹等(教师边说边出示图 2-20-1—图 2-20-4 的花纹),这些花纹可以用来丰富瓷器的层次。

图 2-20-1

图 2-20-2

图 2-20-3

图 2-20-4

二、了解版画制作的步骤,尝试制作版画青花瓷器

1. 教师:今天我们用一种非常特别的方法来设计青花瓷器。

2. 教师讲解制作步骤。

第一步,先想好要设计什么形状的青花瓷器,然后用刮画笔或铅笔画到 KT 板上,注意每条线都加深、加粗,摸上去要有凹凸不平的感觉。

第二步,用滚筒将蓝色油墨滚到 KT 板上,注意每个角落都要有油墨(见图 2-20-5、图 2-20-6)。

图 2-20-5

图 2-20-6

第三步,将铅画纸覆盖在 KT 板上,用力压印,然后慢慢地揭开纸张(见图 2 – 20 – 7、图 2 – 20 – 8)。

第四步,将铅画纸放在一边晾干。

图 2 – 20 – 7

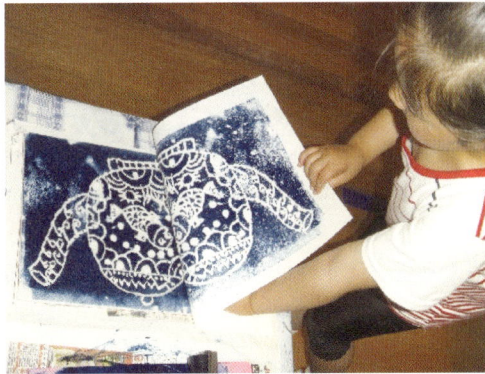

图 2 – 20 – 8

三、幼儿制作版画,教师巡回指导

1. 教师鼓励幼儿根据青花瓷的器型选用多种花纹和图案进行装饰。

2. 教师提示幼儿把线条刻深、刻粗,并适当使用辅助物,如瓶盖、积木等。

3. 教师引导幼儿用滚筒蘸上油墨后在 KT 板上用力滚动并进行印刷,遇到有困难的幼儿,教师可做适当帮助。

四、展示作品,欣赏交流

教师展示幼儿作品,幼儿相互欣赏,说说自己喜欢哪个"设计师"设计的青花瓷器以及喜欢的理由。

幼儿作品

作品 1

作品 2

作品 3

作品 4

活动建议

1. 本活动是在幼儿已有版画制作经验基础上来开展的,活动之前,教师可以将版画制作工具放在区角中,指导幼儿制作简单的版画作品,帮助幼儿了解版画制作步骤。

2. 在制作青花瓷器版画过程中,教师要提示幼儿把线条刻深、刻粗,这样印刷出来的效果会更好,线条更加清晰。

3. 幼儿用滚筒蘸上油墨在 KT 板上进行印刷时,教师应适时协助那些能力比较弱的幼儿,帮助他们共同完成作品。

华东师范大学教育学部　林　琳
上海市普陀区大风车幼儿园　虞丽娜

活动二十一　青花瓷器写生　大班

活动说明

活动目标

1. 观察青花瓷器组合放置后的不同情形,感受遮挡关系带来的层次感。
2. 尝试多角度地观察写生对象,学习用写生的方法进行表现。

活动准备

经验准备:幼儿有写生的经验。

材料准备：课件、不同器型的青花瓷器、蓝色记号笔、彩色粉笔、铅画纸。

活动过程

一、欣赏青花瓷器，了解不同的器型和花纹

教师出示各种青花瓷器并提问。

1. 这些青花瓷有哪些器型？（幼儿讨论）

小结：青花瓷器有瓶子、盘子、杯子、罐、壶、碗等，它们的形状是各式各样的，有的是椭圆形的，有的是圆形的，有的是上窄下宽，有的是下宽上窄。

2. 青花瓷器上的图案和花纹在哪里能找到？

小结：杯子的盖子、杯身上；瓶子的瓶口、瓶身上；罐子的罐口、罐身上；碗的碗口、碗底；盘子的中心、四周等，在这些地方可以找到图案和花纹。

二、引导幼儿观察组合放置的青花瓷器并尝试写生

1. 教师把青花瓷实物进行组合放置（见图2-21-1—图2-21-3）并提问：从你这个角度看出去，你看到了什么？（幼儿尝试从自己座位角度描述看到的情景）

图2-21-1

图2-21-2

图2-21-3

2. 教师：你能完整地看到每个青花瓷器吗？如果不能，为什么？

小结：我们能完整地看到前排青花瓷器，但是后排的青花瓷器被挡住了一部分，因此

不能完全看到。

2. 教师(出示从不同角度画的一组青花瓷器轮廓图)：请你说一说,这幅作品描绘的是哪一组的青花瓷？你从哪里看出来的？

小结：虽然是同一组青花瓷器,因为角度的不同,看到的青花瓷器就会有所不同。

3. 教师：写生的第一步是选择一组青花瓷器；第二步是选择写生的角度；第三步可以开始写生,先画出一组青花瓷器的轮廓,然后再画花纹和图案；第四步用粉笔勾勒青花瓷的轮廓,并用手指涂抹。

三、幼儿操作,教师巡回指导

1. 教师引导幼儿根据自己看到的,画出青花瓷的轮廓。

2. 教师鼓励幼儿在青花瓷器上画出不同的花纹与图案,比如可以画青花瓷器上的图案,也可以画自己喜欢的或是想象的图案。

3. 幼儿完成写生后,可以用彩色粉笔涂抹背景。

四、展示作品,欣赏交流

教师展示幼儿作品,幼儿相互欣赏,并猜猜这张作品描绘了哪一组青花瓷器,是从哪个角度画的。

◎ 幼儿作品

作品1

作品2

作品3

作品4

作品 5   作品 6

🎀
◎ **活动建议**

1. 活动之前,教师要了解本班幼儿在认知上是否已能了解物体之间前后遮挡的关系,并具有物体写生的经验。

2. 写生过程中,针对大班幼儿年龄特点,除了青花瓷器的位置幼儿可以根据自己看到的来画,瓷器上的花纹和图案不一定要完全按照实物来画,幼儿可以画自己喜欢的图案和花纹。

华东师范大学教育学部 林 琳
上海市普陀区大风车幼儿园 杨月敏

活动二十二

青花瓷盘装饰 大班

活动说明

🎀
◎ **活动目标**

1. 欣赏青花瓷盘,了解青花瓷盘的装饰特点。

2. 尝试用各种象征吉祥的纹样和图案装饰青花瓷盘,体验装饰的乐趣。

🎀
◎ **活动准备**

青花瓷盘实物、课件、一次性纸盘、蓝色记号笔、盘架。

◎ **活动过程**

一、欣赏实物，初步感受蓝白相间的美

教师(出示实物青花瓷盘)：这些是我们生活中用的盘子，你们觉得这些盘子和其他盘子有什么不一样呢？(幼儿讨论)

小结：这些盘子有个好听的名字叫青花瓷盘，盘子上的图案是蓝色的，底色是白色的。盘子的中间和盘子边上有各种图案和花纹。

二、欣赏青花瓷盘，感受色彩和图案的美

教师(出示图2-22-1—图2-22-3)：请大家找一找，青花瓷盘上有哪些图案？

图2-22-1

图2-22-2

图2-22-3

小结：青花瓷盘上有各种植物、动物、人物等的图案，这些图案可以躲在盘子的中间和四周。第一个盘子就是一幅画；第二个盘子分成三圈，中间是一串串的葡萄，外面两层是连续的间隔的植物图案；第三个盘子分成三圈，中间是鱼的图案，外面一层是连续的植物图案，最外面一层是几何形纹样。

三、幼儿操作，教师巡回指导

1. 教师：今天我们学做小小设计师，设计一个与众不同的青花瓷盘。想一想，你的青花瓷盘中的图案躲在哪里？你想画什么图案？

2. 幼儿操作，教师指导。

（1）鼓励幼儿画出与同伴不同的图案和花纹。

（2）引导幼儿在盘子的不同位置画出图案和花纹。

四、展示作品，欣赏交流

教师和幼儿可以将作品展示在展示板上，教师播放背景音乐，并带领幼儿观看"青花瓷盘设计展"，引导幼儿说说自己设计的青花瓷盘中的图案躲在哪里。

幼儿作品

作品1

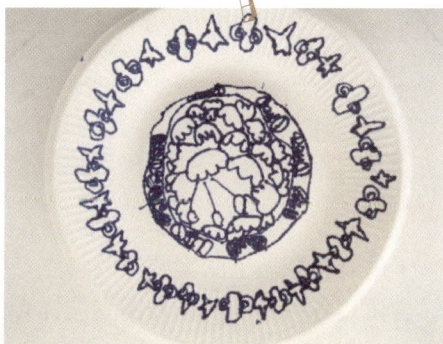

作品2

作品3

作品4

活动建议

1. 活动之前,教师可以在美术区角中投放两方连续和间隔的花纹、图案,让幼儿了解该图案装饰的特点,并尝试在长条形纸上用简单的花纹进行装饰。

2. 活动结束后,教师可以在美术区角中将各种青花瓷盘图片插在相册中供幼儿欣赏,并将工具和材料继续投放于美术区角中供幼儿操作。

上海市普陀区大风车幼儿园　孙文奕

华东师范大学教育学部　林　琳

活动二十三

青花瓷瓶装饰　大班

活动说明

活动目标

1. 了解青花瓷瓶上图案装饰的特点,感受青花瓷色彩和图案的美。
2. 尝试用各种吉祥纹样和图案装饰青花瓷瓶,体验立体装饰的乐趣。

活动准备

课件、涂上白色丙烯颜料的废旧瓶子、蓝色记号笔。

活动过程

一、视频导入,引起幼儿兴趣

教师播放"博雅美育四馆合一"平台上的视频《东方神韵的青花瓷》(可扫描二维码观看)并提问:青花瓷的图案和底色是什么颜色的? 有哪些不同的图案呢?

小结:青花瓷图案是蓝色的,底色是白色的,有龙、鸟、花、树枝、山、水、鱼等图案。

视频 ▶

东方神韵的青花瓷

二、欣赏青花瓷瓶，感受色彩和图案的美

教师(出示图2-23-1—图2-23-3)：让我们再次回到青花瓷王国里,看看青花瓷瓶的有些什么形状? 上面的图案躲在哪里?

图2-23-1　　　　　　图2-23-2　　　　　　图2-23-3

小结：青花瓷瓶上有各种植物、动物、人物等的图案,这些图案可以躲在青花瓷瓶的瓶口、瓶身上。瓶子的形状不同,花纹装饰的位置也不同。第一个瓶子,瓶颈很短,瓶身很大,在瓶子的上部和下部是花纹的连续装饰,瓶身上是龙以及连理枝的装饰;第二个瓶子,瓶颈细细长长,在瓶口、瓶颈以及瓶子靠近底部处用了连续的花纹,瓶身上是左右间隔、上下连续的花纹;第三个瓶子,瓶颈细细长长,瓶身下部圆圆的,在瓶口、瓶颈以及靠近瓶底处用了连续的花纹,瓶身上是花卉的图案。

三、幼儿操作，教师巡回指导

1. 教师：今天我们学做小小设计师,设计一个与众不同的青花瓷瓶。

2. 教师：每个小朋友先选择一个瓶子,想一想,你想将花纹和图案装饰在什么位置。

3. 教师：给瓶子画花纹有点难度哦,一手拿瓶子,一手拿笔画花纹,当你要画背面的花纹时应该怎么办呢?(要边画边转动瓶子)

4. 幼儿操作,教师指导。

(1) 教师鼓励幼儿画出与同伴不同的图案和花纹。

(2) 引导幼儿在瓶子的不同位置画出图案和花纹。

(3) 教师提醒幼儿注意随着花纹和图案位置的变化转动手里的瓶子。

四、展示作品，欣赏交流

教师展示幼儿作品,播放背景音乐,并带领幼儿观看"青花瓷瓶设计展",说说自己最喜欢哪个瓶子,并找一找青花瓷瓶中的图案躲在哪里。

幼儿作品

作品 1

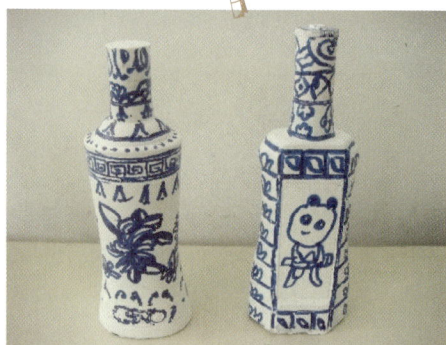

作品 2

作品 3

作品 4

作品 5

活动建议

1. 因为瓶子的装饰是立体的,对幼儿来说有一定的难度,因此该活动应在幼儿已有各种平面青花瓷器型装饰经验的基础上来开展。

2. 活动之前,教师和家长可以共同收集不同形状的瓶子,并在其表面刷上白色丙烯颜料作为素色瓶子以备用。

3. 活动结束后,教师可以将瓶子继续投放在美术区角中,幼儿可以在其他形状的瓶子上进行装饰。

华东师范大学教育学部 林 琳
上海市普陀区大风车幼儿园 杨月敏

活动二十四 创意青花设计 大班

活动说明

活动目标

1. 欣赏各种日常生活物品上的青花色彩和图案,感受白地青花之美。
2. 尝试在各种生活物品上进行设计,体验设计的乐趣。

活动准备

课件、笔筒、白色 T 恤、白色纸袋、蓝色记号笔。

活动过程

一、欣赏舞蹈,引发幼儿兴趣

1. 幼儿欣赏教师舞蹈《荷塘月色》。

2. 教师:刚才我们看了老师们跳的舞蹈《荷塘月色》,老师们的裙子以及她们手上拿着的伞是什么颜色的? 你觉得裙子和伞哪里很好看?

小结:老师们穿着蓝白相间、有好看图案的裙子,她们手上拿的也是青花瓷图案的伞。裙子和伞上有漂亮的花纹和图案。

二、欣赏有青花瓷图案的生活用品

教师(出示收集的各种青花瓷图案的生活用品)：这些都是小朋友们和爸爸妈妈收集来的各种生活用品,看看它们有什么共同的特点？

小结：这些都是生活用品,有耳环、跑鞋、包包、抱枕、伞等,但是它们都有一个共同的特点,就是都是用白底蓝色的青花图案进行装饰。

三、幼儿尝试装饰生活用品

1. 教师：这些常见的生活物品中,看看青花图案都装饰在什么位置？(幼儿讨论)

2. 教师(出示素色的纸袋、T恤、笔筒)：今天我们来做一名小小设计师,要在这些物品上用青花图案进行装饰。你们可以先选择自己想设计的物品,然后用蓝色记号笔在上面画出各种花纹和图案。

3. 幼儿操作,教师指导。

(1) 鼓励幼儿画出与同伴不同的图案和花纹。

(2) 引导幼儿在物品的不同部位画出图案和花纹。

四、展示作品,欣赏交流

1. 教师展示幼儿作品,播放背景音乐,并带领幼儿观看"白地青花设计展",说说自己最喜欢的物品及理由。

2. 幼儿穿上或是带着自己设计的物品随音乐走秀,体验设计带来的快乐。

幼儿作品

作品1

作品2

作品 3

作品 4

作品 5

作品 6

活动建议

1. 活动之前,教师可以在美术区角中展示幼儿收集的含有青花图案的物品,让幼儿对这些物品有初步的感知。

2. 活动过程中,教师可以在每个桌子上摆放一本花纹和图案集,供幼儿参考。

3. 活动结束后,教师可以将更多的物品投放在区角中,让幼儿尝试各种创意的设计。

4. 该活动应基于幼儿装饰过各种青花瓷器型的基础上再来开展,使幼儿综合运用已经掌握的各种花纹和图案装饰生活中的各种物品。

上海市普陀区大风车幼儿园　陈　伟

华东师范大学教育学部　林　琳

第三篇

民间雕塑

十二生肖变变变

活动一

活动说明

小·班

生活中,小班幼儿已经对家人的属相有初步的了解,本活动可以结合视频让幼儿进一步了解十二生肖里的各种动物,同时,引导幼儿欣赏凤翔泥塑,感受泥塑中生肖动物夸张的造型和鲜艳的色彩。活动中,教师结合小班幼儿美术发展的阶段和特点,让幼儿尝试用滴流的方式装饰十二生肖,滴流的效果是不可预期的,通过滴流操作,幼儿可以体验流体画的独特魅力。

活动目标

1. 欣赏凤翔泥塑,感受彩绘泥塑的夸张造型和鲜艳的色彩。
2. 尝试用滴流的方式装饰十二生肖,体验流体画的独特效果。

活动准备

绘本课件、流体画颜料人手四瓶、十二生肖模具、杯子若干、盘子若干、抹布。

活动过程

一、经验导入,引起幼儿兴趣

教师:小朋友们,你知道自己的生肖是什么吗?

二、幼儿欣赏视频,激发对十二生肖的兴趣

1. 教师(播放十二生肖视频①):请你说说十二生肖里有哪些动物?
2. 教师:除了自己的生肖,你知道爸爸妈妈、爷爷奶奶和外公外婆的生肖吗?

三、欣赏凤翔生肖泥塑,感受泥塑的色彩美

1. 教师(出示图3-1-1):小朋友,你们看这是什么生肖动物?请你用动作学学它的样子。

小结:这是一只长耳朵、短尾巴、红眼睛的兔子。(边说边请幼儿指出相应的部位,并学做"小兔跳"的动作。)

---

① 视频链接:https://haokan.baidu.com/v? pd=wisenatural&vid=2741116410659515501。

图 3-1-1

图 3-1-2

2. 教师(出示图 3-1-2):这是什么生肖动物?

小结:这是一头可爱的牛,牛怎么叫?(幼儿模仿牛儿哞哞叫)

3. 找一找,小兔和牛身上好看的花朵在哪里? 还有哪些好看的颜色呢?(边说边指出相应的颜色)

小结:小兔和牛都是由我们国家的陕西省一个叫凤翔的地方的民间艺人用泥做出来的,这些小动物身上有黑色的线条,还有好看的红色、绿色、黄色。这些十二生肖深受大家的喜爱。

四、幼儿操作,教师指导

1. 教师(出示十二生肖模具):这里也有十二生肖,可是它们一点都不好看。怎么才能让它们变得好看呢? 先来看老师变魔术。

2. 教师找到自己的生肖动物,用滴流的方式装饰,边操作边讲解操作注意事项。

(1) 每个小朋友面前有四瓶颜料,请你把颜料一瓶接一瓶倒入塑料杯子中。

图 3-1-3

(2) 请你拿起塑料杯子,像小朋友在家洗淋浴一样,慢慢地将杯子中的颜料从小动物头上浇下去,注意动作一定要轻,要慢慢地倒。

(3) 我们会看到漂亮的颜色从小动物头上慢慢地流到小动物的身上,直到最后,小动物的全身都是颜料。

3. 幼儿操作,教师巡回指导。

(1) 教师要引导幼儿将颜料慢慢地倒到小动物身上,不能一下子全倒下来(见图 3-1-3)。

(2) 教师应关注幼儿倾倒颜料时是否能将颜料倒到小动物的全身。

五、展示作品,相互欣赏

教师将幼儿的作品放在桌上展示,带领幼儿学做十二生肖中小动物的动作走到每个桌前,然后请幼儿说说自己做的小动物的颜色。

幼儿作品

作品 1

作品 2

作品 3

作品 4

活动建议

1. 活动前,幼儿要先了解一下家里人的属相,为开展活动积累经验。

2. 活动中的操作环节,由于要倾倒颜料到模具上,对于小班幼儿有一定的难度,因此在活动之前,教师可以将颜料和其他形状的模具放在美术区角中先让幼儿尝试,掌握倾倒的方法。

3. 活动结束后,教师可以将更多的凤翔彩绘十二生肖图片或实物放在区角中,供幼儿继续欣赏。同时也可以将生肖模具和各种颜料放在美术区角中,让幼儿装饰更多的十二生肖,体验流体画的乐趣。

上海市普陀区大风车幼儿园　王明哲

华东师范大学教育学部　林　琳

快乐的阿福

中班

活动说明

胖胖的阿福和阿喜是来自无锡惠山的两个泥娃娃,是路路平安、家家幸福的吉祥象征,它们寄托了人们美好的愿望。活动中,教师引导幼儿欣赏和把握阿福的造型特征和色彩,尝试运用超轻黏土表现心目中的阿福,并运用多种材料进行装饰。

活动目标

1. 了解阿福的特征,感受阿福憨厚可爱的造型特点。
2. 运用保利龙球与纸杯的组合表现阿福,体验综合制作的乐趣。

活动准备

课件、剪刀、超轻黏土、包裹了超轻黏土的保利龙球、一次性纸杯、活动眼睛、炫彩棒。

活动过程

一、图片导入,引起幼儿的兴趣

教师(出示图3-2-1):这些娃娃你有看到过吗?你觉得它们可爱吗?为什么?

小结:这是民间用泥做的玩具,泥娃娃弟弟叫阿福,泥娃娃妹妹叫阿喜,他们来自无锡惠山,是路路平安、家家幸福的吉祥象征,他们寄托了人们美好的愿望。

图3-2-1

二、欣赏泥娃娃阿福,感受阿福的可爱造型和鲜艳色彩

1. 教师:阿福长得什么样?手里捧着什么?(幼儿讨论)

小结:他们长着圆圆胖胖的脸,大眼睛、小嘴巴,耳大垂肩,头上梳着两个发髻,衣服上有漂亮的图案,看上去很有福相。他们的双手捧着象征祥瑞的动物,如狮子、蝙蝠等,或是吉祥的花卉、长寿的桃子等,寄托了人们的美好愿望。

2. 教师：阿福身上有哪些颜色？给你什么样的感觉？

小结：阿福身上有各种鲜艳的颜色，有红色、黄色、绿色、蓝色，各种颜色形成强烈的对比。

三、师幼共同商量阿福的制作方法

1. 教师：快过年了，我们一起来制作一个快乐的阿福。

2. 教师边出示材料边讲解。

（1）教师（出示保利龙球）：圆圆的保利龙球可以用来做大大的头，想一想，你想做阿福还是阿喜。先在保利龙球上面粘贴头发和五官，眼睛可以用超轻黏土贴，也可以直接贴活动眼睛。

（2）教师（出示一次性杯子）：一次性杯子可以用来做身体，想一想，阿福或是阿喜穿什么颜色的衣服，上面有些什么花纹。衣服可以用超轻土做，也可以用炫彩棒画。

（3）教师：头和身体都做好以后，可以用纽扣、塑料管、扭扭棒等把他们打扮得漂漂亮亮。

（4）教师：最后把头和身体粘在一起，一个快乐的阿福就做好了。

四、幼儿操作，教师巡回指导

1. 教师鼓励幼儿制作自己喜欢的阿福或阿喜，并表现出两者的不同特征。

2. 教师引导幼儿运用不同的材料进行装饰，制作与众不同的阿福。

3. 教师提醒幼儿注意制作的步骤，头部与身体的黏合可以运用不同的方法，还可以将超轻黏土制作成围巾，这样既可以装饰，又可以黏合头部和身体。

五、展示作品、欣赏交流

1. 教师展示幼儿作品，请幼儿说说自己最喜欢哪个阿福或阿喜。

2. 教师播放"泥娃娃"音乐，幼儿随音乐学泥娃娃跳舞。

幼儿作品

作品1

作品2

作品3

作品4

活动建议

1. 考虑到保利龙球外部要包裹超轻黏土，同时又要做得比较光滑，这对中班幼儿来说有一定的难度。因此，教师在活动之前可以先完成包裹的步骤并投放到材料中，使幼儿可以直接用它来做阿福的头。

2. 教师可以在音乐区角活动中播放"泥娃娃"的歌曲，让幼儿熟悉歌曲的旋律并学唱。在本活动的尾声，幼儿可以随音乐一起唱"泥娃娃"或是学泥娃娃的动作跳舞。

3. 活动结束后，教师可以继续提供材料，让幼儿尝试用不同的材料表现阿福，如绘画、手工制作等。

扫描二维码，
了解区角活动

区角活动
可爱的大阿福

华东师范大学教育学部　林　琳
上海市黄浦区思南新天地幼儿园　达　君

活动三

兔儿爷　大班

活动说明

兔儿爷是中国传统的手工艺品，是中秋节应节应令的儿童玩具。人们按照月宫里有嫦娥玉兔的说法，把玉兔进一步艺术化、人格化，乃至神化之后，用泥巴塑造成各种不同形式的兔儿爷。如今兔儿爷已经成为最具代表性的北京非物质文化遗产之一。本活动的设计，注重让幼儿了解传统民间玩具造型和色彩的特点，同时也能让幼儿了解兔儿爷的前世与今生，通过制作兔儿爷进一步体验玩赏兔儿爷的趣味。

活动目标

1. 了解兔儿爷的传说,知道兔儿爷是天宫月兔的化身。
2. 感受兔儿爷鲜艳的色彩和兔首人身的造型之美,并尝试用超轻黏土表现兔儿爷。

活动准备

课件、炫彩棒、铅画纸、超轻黏土、保利龙球、手工纸。

活动过程

一、欣赏兔儿爷,感受兔儿爷的造型和色彩美

1. 教师(出示图3-3-1):今天老师带来一位兔子朋友,看看这只兔子和我们平时看到的有什么不一样?(幼儿讨论)

2. 教师:这只兔子有个名字叫"兔儿爷",兔儿爷长得什么样?给你什么样的感觉?

小结:兔儿爷长得兔头人身,头部是兔子的头,身体是人的身体。它的手上拿着药杵,像是正在捣药,看上去非常威武。同时因为它有长长的耳朵、三瓣嘴,看上去又有些可爱。

3. 教师:兔儿爷穿什么样的衣服?有哪些颜色?这些颜色给你什么样的感觉?

图3-3-1

小结:兔儿爷是仿照戏曲人物做成的,所以它的头上戴金黄色的武官帽子,帽顶上露出长长的兔耳朵。它肩披盔甲,身着蓝色山水图案的红长袍,脚蹬厚底靴。衣服色彩鲜艳,有红、黄、蓝、金等。

二、了解兔儿爷的传说

1. 教师:为什么这只小小的兔子,人们要叫它"兔儿爷"呢?
2. 教师讲述兔儿爷的传说。(见附故事)

三、师幼讨论制作方法,尝试制作兔儿爷

1. 教师:兔儿爷既可以当成神仙被人们祭拜,同时也是小朋友们的玩具,今天我们来做一尊兔儿爷。

2. 教师播放兔儿爷制作视频①:兔儿爷是怎么做出来的呢?我们一起来看看吧!

3. 小结兔儿爷制作过程。

第一步:用白色超轻黏土制作兔子的头部,然后用自己喜欢的颜色的超轻黏土制作身体,再把它们连接在一起。

第二步:在兔子的头部做出眼睛、三瓣嘴、头盔,并进行装饰。

---

① 视频链接:https://v_youku.com/v_show/id_XMzAIMTMINzK40A==.html。

第三步：用各种图案装饰兔儿爷的身体。

第四步：根据需要在兔儿爷背上插上令旗，使之更加生动。

四、幼儿制作，教师指导

1. 教师引导幼儿表现出兔儿爷的造型特征：长耳朵、三瓣嘴。
2. 教师引导幼儿用各种花纹及图案装饰兔儿爷。
3. 教师观察幼儿制作的过程，帮助个别有困难的幼儿完成制作。

五、展示与交流

1. 教师将幼儿作品放置在展示板上，引导幼儿共同欣赏并说说自己最喜欢哪只兔儿爷。
2. 教师：2010 年，兔儿爷成为北京中秋节的形象大使，它为节日增添了喜庆祥和的气氛，也可以看出大家对兔儿爷的喜爱之情。

附故事：兔儿爷的传说[①]

相传很久以前，北京城里忽然起了瘟疫，几乎每家都有人得了病，很难治好。嫦娥看到这个情景，心里十分难过，就派身边的玉兔去为百姓们治病。玉兔变成了一个少女，她挨家挨户地走，治好了很多人。人们为了感谢玉兔，纷纷送东西给她，可玉兔什么也不要，只是向别人借衣服穿，每到一处就换一身装扮，有时候打扮得像个卖油的，有时候又像个算命的。一会儿是男人装束，一会儿又是女人打扮。为了能给更多的人治病，玉兔骑上马、鹿或狮子、老虎，走遍了京城内外。消除了京城的瘟疫之后，玉兔就回到月宫中去了。

于是，人们用泥塑造了玉兔的形象，有乘凤的，有骑鹿的，有披挂着铠甲的，也有身着各种做工人衣服的，千姿百态，非常可爱。每到农历八月十五中秋节那一天，家家都要供奉她，给她摆上好吃的瓜果菜豆，用来答谢她给人间带来的吉祥和幸福，大家还亲切地称她为"兔爷儿""兔奶奶"。

幼儿作品

作品 1

作品 2

---

① 月如. "兔儿爷"的前世今生[J]. 国学，2011(9)：80.

作品 3   作品 4

活动建议

1. 除了可以让幼儿用超轻黏土表现兔儿爷,也可以用绘画的形式表现(见图 3-3-2—图 3-3-5)。幼儿有兴趣的话,还可以为兔儿爷加上坐骑。

图 3-3-2

图 3-3-3

图 3-3-4

图 3-3-5

2. 活动之前,教师可以在区角中投放兔儿爷的图片和玩具,让幼儿初步了解兔儿爷的造型,为集体教学活动中用超轻黏土表现兔儿爷做好前期经验的准备。

华东师范大学教育学部　林　琳
上海市宝山区乾溪第二幼儿园"欣赏＋创想"美术课程课题组

活动四　**活动说明**

泥泥狗

大班

泥泥狗为国家级非物质文化遗产,它是一种造型美观、古朴醇厚的泥塑玩具,在众多民间艺术作品中具有独特的魅力。泥泥狗造型各异,有半人半猿、人兽同体、长着九个头的鸟、两个头的狗,还有人面猴、猴头燕等禽兽造型,这些怪异的造型带给孩子们丰富的想象,特别是泥泥狗黑色底上施以红、黄、青、白色等色彩所带来的强烈视觉效果,让泥泥狗充满了神秘感。本活动在对造型各异的泥泥狗的欣赏基础上,教师进一步引导幼儿运用超轻黏土,在黑色黏土上运用点、线等进行装饰,制作出一个独一无二的泥泥狗。

活动目标

1. 欣赏民间玩具泥泥狗,感受泥泥狗古朴的造型和对比强烈的色彩。
2. 尝试用超轻黏土制作泥泥狗,并用点、线等进行装饰。

活动准备

1. 经验准备:①幼儿有超轻黏土制作的经验;②活动之前,幼儿已经玩过泥泥狗。
2. 材料准备:课件、五色超轻黏土、手工制作小工具。

活动过程

一、图片导入,引发幼儿的兴趣

1. 教师:你平时最喜欢的玩具是什么?(幼儿讨论)
2. 教师(出示泥泥狗玩具):老师带来了小时候玩的一种民间玩具,你们觉得它像什么?

小结:它们是用泥巴做成的,叫泥泥狗。形状像狗又像猴,有大大的头和短小的四肢。泥泥狗有各种各样的形象,无奇不有,个个充满着神秘感。

二、感受泥泥狗古朴的造型与强烈对比的色彩

1. 教师(出示图3-4-1、图3-4-2)：这两只泥泥狗，一只叫人面猴，还有一只叫混沌，它们造型独特，色彩艳丽。你们来找一找，泥泥狗身上有哪些颜色？

图3-4-1　　　　　　　　　　　　图3-4-2

小结：泥泥狗是一个通体漆黑的泥巴玩具，乌黑的底色上勾出大红、大绿、雪白、浅黄、天蓝的彩绘。

2. 教师：泥泥狗身上有些什么样的花纹？

小结：泥泥狗身上有着漂亮的线条和花纹，有直线、曲线、圆弧等各种线条，还有菱形纹、太阳纹、花卉纹、葫芦纹、三角纹等各种纹饰。

3. 教师：你们知道，泥泥狗是怎么做出来的吗？我们一起来看看吧！(教师播放视频"泥泥狗——远古走来的民间'活化石'"①)

小结：原来泥泥狗有着这么复杂的制作流程，民间艺人不断地发挥自己的想象力和创造力，才有了造型各异、具有独特魅力的泥泥狗。

三、幼儿制作，教师指导

1. 教师：你们想不想也来做个独特的泥泥狗呢？

2. 师幼共同探讨泥泥狗的制作方法。

步骤一：将黑色超轻黏土捏出自己想要的泥泥狗的形状，如小狗、猴子、老虎等。

步骤二：将彩色超轻黏土捏成各种形状贴在泥泥狗的不同部位。

步骤三：将超轻黏土搓成条或压成面，装饰泥泥狗。

3. 幼儿制作，教师巡回指导。

(1) 教师鼓励幼儿制作出不同造型的泥泥狗。

(2) 教师引导幼儿将超轻黏土捏成或搓成不同形状来装饰泥泥狗。

---

① 视频链接：https://haokan.baidu.com/v? pd＝wisenatural&-vid＝452094677469679250。

（3）教师引导幼儿先捏出泥泥狗的基本造型再进行装饰。制作过程中，可以引导幼儿使用不同的小工具帮助自己完成泥泥狗的制作。

四、展示作品，欣赏交流

1. 教师和幼儿一起将制作的泥泥狗放在展示台上，相互欣赏，并说说自己最喜欢哪只泥泥狗以及喜欢的理由。

2. 教师：泥泥狗有着漂亮的颜色和图案，所以设计师们把这些颜色运用到了各种生活用品的设计上，使这些物品具有独特的风格。一会，大家可以到美术区角中看一看有哪些物品。

幼儿作品

作品1

作品2

作品3

作品4

活动建议

1. 在活动进行前，教师可以在美术区角中投放几只泥泥狗玩具，供幼儿欣赏和把玩，为之后的集体教学活动积累经验。

2. 幼儿操作过程中，每个桌上可以放置2～3个泥泥狗玩具供幼儿参考，这样可以丰富幼儿对泥泥狗造型的塑造。

3. 教师可以将装饰有泥泥狗颜色和图案的生活物品，如帽子、T恤、手链、抱枕等展示在美术区角中，加深幼儿对泥泥狗独特颜色和图案的感受。

华东师范大学教育学部　林　琳
上海市宝山区乾溪第二幼儿园"欣赏＋创想"美术课程课题组

活动五　兵马俑　大班

活动说明

兵马俑坑是很多年前西安临潼的一个农民在挖井的时候发现的一个神秘的地下王国，被誉为世界八大奇迹之一。活动中，教师可以引导幼儿观察立射俑和跪射俑的不同特征，并用肢体动作进行模仿，感受人物形态的多样性。同时结合大班幼儿手工制作的特点，引导幼儿尝试运用超轻黏土塑造陶俑的不同特征，并用刻刀刻出铠甲的纹路。

活动目标

1. 初步了解兵马俑丰富而生动的人物形象，感受中国雕塑艺术的美。
2. 尝试塑造兵马俑的基本结构与形态，体验塑造的乐趣。

活动准备

经验准备：在区角中欣赏过兵马俑，知道兵马俑的外形特征各不相同。

材料准备：兵马俑视频、课件、卡纸、灰色彩泥、泥塑刻刀、抹布。

活动过程

一、视频导入，引发幼儿兴趣

1. 教师：小朋友们，你们去过西安吗？西安有一个非常著名的景点，你知道是哪里吗？
2. 教师播放导入视频①：说说你看到了什么？有什么感觉？

---

① 视频链接：https://www.bilibili.com/video/BV1eL411E7bY/。

小结：兵马俑坑是很多年前临潼的一个农民在挖井的时候发现的一个神秘的地下王国。考古人员发现的兵马俑数以千计，这些陶俑身材高大，和真人一般大小，被誉为世界八大奇迹之一。

二、幼儿观察兵马俑的特征，感受人物形态的多样性

1. 教师(出示图3-5-1)：这些兵马俑的头有什么不同？(有的戴冠，有的不戴)穿着上有什么不同？(有的穿着战袍，有的外披铠甲)

2. 教师：兵马俑从外形上看，有不同的兵种。最多的是武士俑，手里拿着各种不同的兵器，身穿甲片细密的铠甲。

3. 教师(出示图3-5-2)：你觉得这些兵马俑是做什么的？这是车兵俑，请你来模仿一下图片中兵马俑的动作。

图3-5-1

图3-5-2

小结：车兵俑分为驭手和军士，驭手站在中间，驾驭着战车，军士分列在战车两侧，保护着驭手。

4. 教师出示图3-5-3、图3-5-4：这是一个较为特殊的兵种，你们觉得他们手里会拿什么武器呢？他们是立射俑和跪射俑，手里拿着弓箭，那时的射击技艺已经发展到了很高的水平了。请你们模仿他们的动作。

图3-5-3

图3-5-4

小结：每个兵马俑的装束、神态都不一样。人物的发型、手势都各不相同，面部的表情更是各有差异。从他们的装束、神情和手势就可以判断出他们是官还是兵，是步兵还是骑兵。所有的兵马俑面容中都流露出独有的威严与从容，具有鲜明的个性特征。

5. 教师：兵马俑坑里除了各种兵马俑以外，还有马和马车，是一个庞大的地下王国。让我们一起来打造一个"兵马俑"王国吧！

三、幼儿操作，教师巡回指导

1. 教师讲解制作步骤。

（1）先想好要制作的陶俑的动作。

（2）用灰泥塑造出人物的基本结构和特征。

（3）用刻刀刻出铠甲的纹路。

2. 幼儿操作，教师指导。

（1）引导幼儿观察陶俑动作特征后再进行塑形。

（2）引导幼儿用刻刀表现出人物的脸部特征和铠甲。

四、展示作品，分享交流

1. 教师将幼儿的作品放在展板上，幼儿一起欣赏。

2. 教师播放音乐，幼儿模仿兵马俑的动作。

五、延伸活动

1. 在区角活动中可以引导幼儿继续在人物表面涂上金色或银色的丙烯颜料，使其更加生动。

2. 活动之后幼儿可以继续为兵马俑制作兵器。

幼儿作品

作品1

作品2

作品 3

作品 4

作品 5

活动建议

1. 由于集体教学活动时长的限制，幼儿在集体活动中主要进行兵马俑的塑形。在区角活动中，教师除了提供灰色、黑色彩泥外还可以添加银色和金色的丙烯颜料，让幼儿做进一步装饰。

2. 教师提供幼儿制作兵器的材料可以多样化，也可以让幼儿直接将兵器添画在纸上。

上海市黄浦区思南新天地幼儿园　陈佳佳

华东师范大学教育学部　林　琳

活动六　鼎　大班

活动说明

鼎在古代是用来烹煮食物的,自从青铜鼎出现后,它又多了一项功能,成为国家重要的礼器。本活动中,教师引导幼儿欣赏鼎的各种造型以及鼎上的各种装饰纹样,并了解这些纹样所寄予的美好祝愿。同时为了表现鼎的古朴与典雅,教师进一步引导幼儿尝试运用版画的形式表现,体验制版印刷的乐趣。

活动目标

1. 了解鼎的外形特征和种类,感受鼎的古朴与典雅。
2. 尝试用版画形式表现鼎,体验制版印刷的乐趣。

活动准备

经验准备:幼儿已有版画制作的经验。

材料准备:课件、吹塑纸、丙烯颜料、刮画笔、铅画纸、夹子。

活动过程

一、视频导入，引起幼儿兴趣

教师播放"博雅美育四馆合一"平台上的视频《国之重器——青铜器》(可扫描二维码观看):请你说说,你看到了什么? 这些鼎有什么用处?

视频 ▶

[二维码]

国之重器
——青铜器

小结:鼎的主要用途是烹煮食物,鼎的三条腿便是灶口和支架,腹下烧火,可以熬煮、油烹食物。自从青铜鼎出现后,它又多了一项功能,成为一种重要的礼器。

二、欣赏各种鼎，感受鼎的造型与装饰美

1. 教师(出示图 3-6-1):你看到这个鼎上有些什么花纹? 这些花纹给你什么样的感觉?

小结:这个鼎叫大克鼎,现藏于上海市博物馆,它的腹部装饰了一条连续的、像波浪一样的波曲纹,环绕全器一周(教师出示图 3-6-2),形成连续反复,产生一种韵律感,给人以活泼舒畅的感受。鼎足上有饕餮纹,饕餮是传说中好吃的野兽,把它铸在青铜器上,表示吉祥、丰衣足食。

图 3 - 6 - 1　　　　　　　　　　　　　　图 3 - 6 - 2

2. 教师(出示图 3 - 6 - 3—图 3 - 6 - 5):我们来看看这些长什么样? 鼎上有些什么花纹?

图 3 - 6 - 3

图 3 - 6 - 4　　　　　　　　　　　　　　图 3 - 6 - 5

小结:鼎的类型有三足圆鼎,还有四足方鼎。鼎口处有两耳。鼎的腹部、足部都饰有不同的花纹,有几何形,有鸟兽,还有龙等。

三、幼儿操作，教师指导

1. 教师：今天我们也学学古代人来制作鼎。

2. 师幼共同探讨用版画的方式画鼎的流程。

（1）用刮画笔在吹塑纸上画出自己喜欢的鼎的形状。

（2）将吹塑纸与铅画纸用夹子固定，然后在吹塑纸上涂上丙烯颜料。

（3）在丙烯颜料还没有干时，将吹塑纸上的鼎转印到铅画纸上。

（4）用力压平铅画纸，直至颜料转印到纸上，等待作品晾干，便完成制作。

3. 幼儿操作，教师巡回指导。

（1）教师鼓励幼儿制作不同形状的鼎，并装饰各种纹样。

（2）版画制作过程中，教师要引导幼儿小心地转印，不要移动吹塑纸或铅画纸。

幼儿作品

作品1

作品2

作品3

作品4

活动建议

1. 活动前,教师可以在区角中张贴各种鼎的图片,让幼儿初步了解鼎的外形特征和种类。

2. 活动结束后,教师可以在区角中投放 KT 板、刮画笔、宣纸、油墨以及滚筒,按照版画制作流程,让幼儿可以重复印制多张鼎的作品,有兴趣的幼儿还可以进行套印,以增强作品的层次感。

3. 有条件的话,可以让家长带领或是教师组织幼儿去博物馆,了解更多的青铜器。

华东师范大学教育学部　林　琳
上海市宝山区乾溪第二幼儿园"欣赏＋创想"美术课程课题组

第四篇

民间建筑

活动一　**粉墙黛瓦**　小·班

活动说明

活动开始,教师可以借助视频带领孩子们走进江南水乡,那里有小河、石桥,还有许多漂亮的房子。接着可以欣赏著名画家吴冠中的水墨画,他画出了江南的粉墙黛瓦,这些房子有的高,有的低,它们的外墙是白色的,一年四季花红柳绿,映在墙上很好看。活动中,教师根据小班幼儿的年龄特点,引导幼儿在欣赏名画作品的基础上,尝试运用炫彩棒晕染的方法表现江南民居。

活动目标

1. 欣赏吴冠中的水墨画,感受中国江南民居的独特美。
2. 尝试运用炫彩棒晕染的方法表现江南民居,体验创意的乐趣。

活动准备

经验准备:有去过江南古镇游玩的经验。

材料准备:课件、铅画纸、炫彩棒、湿纸巾。

活动过程

一、视频导入,情境再现

1. 教师播放"博雅美育四馆合一"平台上的视频《吴冠中的烟雨江南》(可扫描二维码观看)并提问:小朋友们看一看视频里的这些地方,你有去过吗? 和谁一起去的?

2. 教师:你在江南水乡吃了哪些好吃的东西? 看到了什么?

小结:大家去的这些地方是江南水乡,那里有小河、石桥,还有许多漂亮的房子。

二、欣赏吴冠中的作品,感受水乡建筑的美

1. 教师(出示图4-1-1、图4-1-2):你们看这些房子的屋顶是什么颜色的? 墙是什么颜色的? 这些房子一样高吗?

小结:这些房子的屋顶上是黑色的瓦片,墙面是白色的,这些房子有的高、有的

视频 ▶

吴冠中的
烟雨江南

图 4-1-1

低,它们有个好听的名字叫马头墙。

2. 教师出示吴冠中的江南水乡作品:吴冠中爷爷把这些房子画了下来,我们一起来看看吧。

图 4-1-2

小结:这是中国江南非常有特色的房子,屋顶上铺着黑色的瓦片,离得近,看到的瓦片多,黑色就多,离得远看到的瓦片少,黑色就少,有的甚至变成了一条细细的黑线。这些房子有的高,有的低,它们的外墙是白色的,一年四季花红柳绿,映在墙上很好看。

三、师幼共同探索晕染的方法

1. 教师:今天我们学做建筑师,也来建好看的江南民居。

2. 教师:我们要用很特别的方式来造房子。这些房子的屋顶很特别,上面铺着满满的黑色的瓦片,远远看过去,有的是平平的,有的是斜斜的。(请个别幼儿用黑色炫彩棒在纸上画出粗粗的水平线或是斜线)

3. 教师:这些房子有的高,有的低,所以我们画的房子也要有高有低(见图4-1-3)。

4. 教师:每幢房子的墙在哪里呢?我们可以用餐巾纸沿着黑色线条往下擦,一幢房子就造好了(教师边说边示范),另一幢房子也造好了(见图4-1-4)。

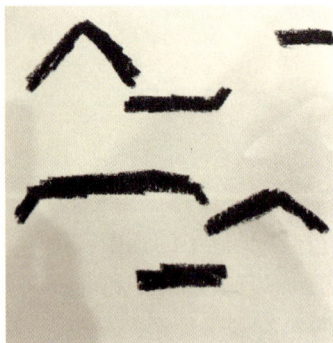

图 4-1-3

图 4-1-4

5. 教师可以请个别幼儿上来模仿造另一幢房子。

四、幼儿操作,教师巡回指导

1. 教师引导幼儿用直线、斜线画出不一样的屋顶,再把线条加深、加粗。

2. 教师引导幼儿晕染的时候用湿纸巾沿着黑色线条由左向右,慢慢地往下方拉直线。

3. 教师鼓励幼儿点画花朵、树木等,丰富画面内容。

五、作品展示、分享交流

教师可以将幼儿的作品贴在展示板上,在江南曲调的背景音乐中,带领幼儿畅游水乡古镇,模仿吃美食、坐小船等动作,想象在古镇游玩的情景。

幼儿作品

作品 1

作品 2

作品 3

作品 4

活动建议

1. 教师可以事先在美术区角中张贴有关水乡的图片,播放博雅美育四馆合一平台"吴冠中的烟雨江南",为之后的集体教学活动提供经验。

2. 活动之前,教师可以在美术区角中提供房子形状的纸型,并在上面用各种颜色的炫彩棒画上粗粗的线条,让幼儿练习使用湿纸巾沿着不同色彩的粗线条往下方拉直,绘出彩色玻璃窗,为集体教学活动做好技能上的准备。

华东师范大学教育学部　林　琳

上海市宝山区乾溪第二幼儿园"欣赏＋创想"美术课程课题组

活动二 **千年瓦当** 中班

活动说明

瓦当,是指古代中国建筑中覆盖建筑檐头筒瓦前端的遮挡,也是古代建筑物的主要构件,属于中国特有的文化艺术遗产。瓦当的造型千姿百态,图案设计优美,字体行云流水,极富变化,它不但是绘画、工艺和雕刻相结合的中国艺术,也是实用性与美学相结合的产物,在这样一方小小的图形空间里,大师们用自己精湛的技艺创造了丰富多彩的艺术天地。本活动中,教师引导幼儿欣赏瓦当的色彩与纹饰,感受瓦当的艺术之美,并运用版画的形式设计瓦当的图案,感谢瓦当在不为人注意的屋顶上默默地守护大地上的人们。

◎ **活动目标**

1. 欣赏瓦当的色彩与纹饰,体验瓦当纹饰中所寄寓的美好祝愿。
2. 尝试用不同纹饰设计瓦当,感受瓦当的艺术之美。

◎ **活动准备**

1. 经验准备:幼儿已经了解版画制作的流程,并有制作版画的经验。
2. 物质准备:课件、KT板、已调制好的颜料、调色板、刷子、夹子、铅画纸、刮画笔。

◎ **活动过程**

一、视频导入,引起幼儿兴趣

视频 ▶

教师播放"博雅美育四馆合一"平台上的视频《相爱千年的瓦当和滴水》(可扫描二维码观看)并提问:什么是瓦当? 它有哪些形状?

相爱千年的
瓦当和滴水

小结:瓦当是覆盖在各种老房子屋檐最前端的遮挡,主要有防水和排水的作用,是古代建筑物的主要构件,它有半圆形和圆形两种。在这样一方小小的空间里,匠师们用自己精湛的技艺创造了丰富多彩的艺术天地。

二、欣赏瓦当,感受瓦当的独特美

1. 教师(出示图4-2-1—图4-2-4):瓦当有哪些颜色?

图4-2-1

图4-2-2

图4-2-3

图4-2-4

　　小结：瓦当主要有灰陶瓦当和琉璃瓦当。琉璃是中国传统工艺,琉璃瓦当有黄、绿、蓝等多种颜色,当琉璃变身瓦当后会让普通的屋顶变得光彩夺目。

　　2. 教师(出示图4-2-5—图4-2-8)：瓦当上有些什么图案?(幼儿讨论)

图4-2-5

图4-2-6

图 4 - 2 - 7

图 4 - 2 - 8

小结：瓦当上常雕饰有各种图案，常见的有文字瓦当、动物纹瓦当、植物纹瓦当、几何纹瓦当，以及组合纹瓦当（如几何纹文字瓦当、动物纹文字瓦当、植物动物纹瓦当等）。瓦当画面有一分为二的，也有一分为四的，瓦当在对称中求变化，富于生气。

三、幼儿制作，教师巡回指导

1. 教师：瓦当是中国古代建筑中特有的一种构件，在漫长的岁月里，瓦当在不为人注意的屋顶上，默默地守护着大地上的人家，今天我们来把它画下来，感谢它守护我们。

2. 师幼共同探讨制作步骤。

步骤一：想一想要设计的瓦当是什么形状的，上面有些什么图案，是植物的、动物的、几何图形的，还是组合起来的。

步骤二：用刮画笔将想好的图案刻在 KT 板上，并将 KT 板和铅画纸用夹子固定。

步骤三：在 KT 板上刷上红色或是蓝色的颜料，然后将铅画纸压在上面，并用力按压，直至颜色都转印到铅画纸上。

3. 幼儿操作，教师观察与指导。

（1）教师鼓励幼儿设计不同的图案。

（2）教师鼓励幼儿设计不同的画面，可以是完整的，也可以是一分为二或是一分为四的。

（3）提醒幼儿要注意图案的对称性。

四、展示作品，欣赏交流

1. 教师将幼儿作品贴在展示板上，让幼儿说说他最喜欢哪个瓦当及喜欢的理由。

2. 教师：瓦当虽小，但是它的作用很大，造型千姿百态的瓦当是绘画、工艺和雕刻相结合的中国艺术，给人以美的享受，它的图案、文字还有助于我们了解古代的经济、文化和人们生活的习俗。

幼儿作品

作品 1　　　　　　　　　　　　　　　作品 2

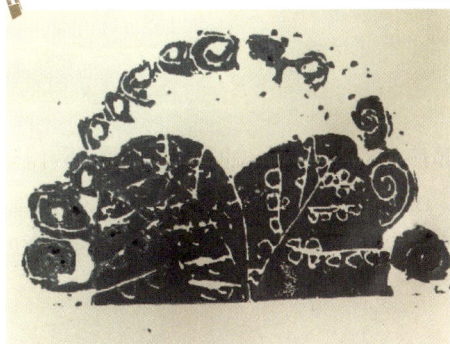

作品 3　　　　　　　　　　　　　　　作品 4

作品 5　　　　　　　　　　　　　　　作品 6

活动建议

1. 瓦当的图案设计优美,极富变化,教师在幼儿操作时,可以提供给幼儿各种图案,如云头纹、几何形纹、饕餮纹、动物纹等供幼儿参考,丰富他们的作品内容。

2. 活动结束后,教师可以在美术区角中提供瓦当的各种分类图案,如几何形瓦当、动物纹瓦当、植物纹瓦当、云纹瓦当等,同时将工具和材料也继续投放在区角中,让幼儿进行操作,更深入地体验瓦当纹饰中所寄寓的国泰民安、风调雨顺的美好祝愿。

华东师范大学教育学部　林　琳

上海市宝山区乾溪第二幼儿园"欣赏＋创想"美术课程课题组

活动三

大门上的怪兽铺首

中班

活动说明

铺首是传统建筑中大门上非常重要的一个部件。当客人来访时用手拍击门环,门环撞击在铺首之上便发出清脆的声音,告知主人可以开门迎客。铺首上一般为各种猛兽的造型,给人以对称、平稳的美。本活动中,教师在幼儿欣赏各种造型的铺首和了解不同铺首的寓意的基础上,引导幼儿进一步尝试运用超轻黏土表现铺首。

活动目标

1. 了解铺首的作用,感受铺首上猛兽装饰的对称美。
2. 尝试用超轻黏土制作铺首,体验手工制作的乐趣。

活动准备

课件、超轻黏土、金银色丙烯颜料、黑色和红色底纸、手工制作小工具。

活动过程

一、图片导入,引起幼儿兴趣

教师(出示图 4－3－1):小朋友们,大门上为什么会有两个狮头像呢? 你知道它们是用来做什么的吗?

小结：这是铺首，铺首是传统建筑中大门上非常重要的一个部件。工匠们利用猛兽的獠牙、舌头叼住门环，形态逼真。客人来访时站在门前，用手拍击门环，门环撞击在铺首之上发出清脆的声音，主人听到后便知道有客人来到，走到大门，开门迎客。

二、欣赏铺首，感受铺首的对称美

1. 教师（出示图4-3-1—图4-3-4）：铺首上除了狮子，还有什么猛兽？给你什么样的感觉？

图4-3-1

图4-3-2

图4-3-3

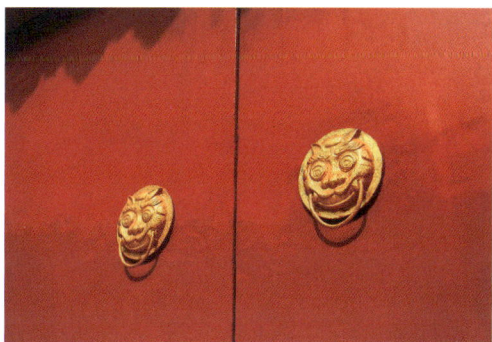

图4-3-4

小结：铺首上是狮子、老虎、螭、蝙蝠等猛兽。一般是以鼻梁为中线，耳、角、眉、目及纹饰对称，让我们感受到平稳的美。这些猛兽多怒目圆睁、双眉上扬、鼻孔紧翘、龇牙咧嘴，呈现出猛兽发怒时的凶相，面容狰狞，给人以剽悍和威严的感觉。铺首大多数为圆形、六角形，边缘打制出花卉、草木、卷云形花边图案。

2. 教师：为什么工匠们要把铺首做成猛兽的样子呢？（幼儿讨论）

小结：这些猛兽都有自己的寓意，狮子和老虎寓意镇宅，螭寓意防火，蝙蝠则表示年年多福。人们祈求它们可以保护自己生命和财产安全。

三、幼儿制作，教师巡回指导

1. 教师：看了这么多铺首，你们想不想也为自己家的大门制作一个铺首呢？那就行动起来吧!

2. 师幼共同探讨制作步骤。

(1) 先想一下要制作的铺首是什么猛兽,是狮子还是老虎?

(2) 确定做什么猛兽后,用超轻黏土做成一个圆形底盘。

(3) 然后将猛兽的眼睛、鼻子、嘴巴等用超轻黏土做出来再粘贴到底盘上。

(4) 在超轻黏土还未成型晾干之前,将扭扭棒穿进铺首上事先预留的小洞里,作为门环。

(5) 晾干后用丙烯颜料涂在铺首上,完成铺首的制作。

3. 幼儿操作,教师观察与指导。

(1) 教师鼓励幼儿制作不同猛兽的铺首。

(2) 猛兽面部可以用超轻黏土捏好后贴上去,也可以用刮画笔在上面刻出花纹。

(3) 提醒幼儿注意以鼻梁为中线,左右对称。

(4) 提醒幼儿制作中预留穿门环的小洞。

四、展示作品,欣赏交流

教师可以将幼儿作品贴在展示板上,让幼儿说说哪个铺首最凶猛。

幼儿作品

作品 1　　　　　　　　　　　　　　作品 2

活动建议

1. 欣赏过程中,教师可以狮子铺首和老虎铺首为主,引导幼儿描述狮虎的脸部特征,关注对称性。

2. 建议家长带幼儿外出游玩看到铺首时,可以用手摸一摸,感受铺首的金属感和立体感,也可试着拉住门环敲一敲,感受铺首的实用功能。

3. 活动结束后,教师可以将铺首图片制成照相册供幼儿欣赏,让幼儿进一步感受不同造型铺首的纹饰美。

华东师范大学教育学部　林　琳
上海市黄浦区思南新天地幼儿园　邱　玥

活动四　草原上的蒙古包　中班

活动说明

在辽阔的蒙古高原中,绿色的草地上点缀着许多白色的帐篷,它们就是蒙古包。蒙古包是蒙古族人特有的居住场地,草原美丽的景色可以引发幼儿了解蒙古包的兴趣。本活动中幼儿通过视频和图片了解蒙古包的基本结构和特点,感受蒙古族人民的智慧。结合中班幼儿的年龄特点,让他们在看看、听听、画画、做做的过程中体验手工制作并装饰蒙古包的乐趣。

活动目标

1. 了解蒙古包的基本结构和特点,感受蒙古族人民的智慧。
2. 尝试制作蒙古包并用纹样进行装饰,激发幼儿对手工制作的兴趣。

活动准备

课件、白色铅画纸、固体胶、记号笔。

活动过程

一、图片导入,引起幼儿兴趣

教师(出示图 4 - 4 - 1):你知道这是什么? 它是什么人住的?

小结:在辽阔的蒙古高原中,绿绿的草地上点缀着许多白色的帐篷。它们就是蒙古包,蒙古包是蒙古族人特有的居住场地。

图 4 - 4 - 1

二、幼儿了解蒙古包的结构和特点

1. 教师：蒙古包的外形看上去是什么样的？

图 4-4-2

小结：蒙古包有着圆锥形的尖顶，顶上可以开窗，顶部和四周覆盖着厚厚的毛毡，上面有漂亮的图案。风雪来临时，蒙古包顶上不积雪，大雨冲刷时顶上不会积水，圆形的结构还可以抵御风暴袭击。所以蒙古包冬暖夏凉，不怕风吹雨打。

2. 教师（出示图 4-4-2）：蒙古包里面有什么呢？

小结：蒙古包看起来外形虽小，但里面使用面积却很大，而且室内空气流通和采光条件好，有床、桌子、橱柜等生活必需品，四周还有蒙古族特色的装饰呢。

3. 教师（播放视频走进蒙古包①）：接下来我们跟随蒙古族小姐姐一起走进蒙古包看一看吧。

4. 教师（出示图 4-4-3）：这张图上的蒙古包为什么会放在车上呢？

小结：原来大多数蒙古族的牧民经常要赶着山羊、绵羊、牦牛、马和骆驼去寻找新的牧场，所以他们住的蒙古包必须要容易拆搭、便于搬运。一顶蒙古包只需要一匹两峰骆驼或一辆勒勒车就可以运走，两三个小时就能搭盖起来。图中的蒙古包就是用勒勒车运来的。

图 4-4-3

三、幼儿创作活动，教师巡回指导

1. 教师：你们想不想也来做个漂亮的蒙古包呢？

2. 教师讲解制作步骤。

步骤一：在扇形的纸和长方形纸上画上漂亮的图案。

步骤二：先做蒙古包的顶，将扇形纸一边的双面胶撕掉，然后从上往下粘贴在一起（教师边说边示范）。

步骤三：再做蒙古包的围壁，将长方形纸一边的双面胶撕掉，然后从上往下粘贴在一起（教师边说边示范）。

步骤四：将蒙古包的顶盖盖在围壁上面，一个漂亮的蒙古包就做成了。

---

① 视频链接：https://haokan.baidu.com/v? pd=wisenatural&vid=18199036467796560546。

3. 幼儿创作,教师进行指导。

(1)指导幼儿正确使用双面胶,注意首尾一致地粘贴。

(2)引导幼儿尝试运用点、线、面来装饰蒙古包。

(3)对于能力较弱的幼儿可以让他直接将圆形纸作为蒙古包的顶。

四、展示幼儿作品,相互欣赏交流

1. 教师可以将幼儿的作品放在展示台上,让幼儿说说最喜欢哪个蒙古包。

2. 教师播放蒙古音乐:来到蒙古大草原,和蒙古族小朋友一起舞蹈吧。(幼儿随音乐翩翩起舞)

幼儿作品

作品1

作品2

作品3

作品4

活动建议

1. 活动之前,教师可以将蒙古包模型、图片等放在区角里,让幼儿初步了解蒙古包以及蒙古族人民的风俗习惯。还可以播放蒙古族音乐,让幼儿体验蒙古族音乐的美。

2. 在制作蒙古包的时候,教师可以根据幼儿的不同水平尝试用不同的方法制作蒙古包的顶。对于手工技能比较好的幼儿可以让他们制作圆锥形的顶,对于手工技能较弱的幼儿则可以让他们直接用圆形的纸代替。

3. 为了使展示的作品更加生动、形象,教师可以在桌面上铺上绿色的皱纸,然后将幼儿的作品放在上面。

4. 活动结束后,教师还可以在美术区角中投放更多的材料,如各色手工纸、记号笔、炫彩棒等,让幼儿用多元化的方式来表现蒙古包。

华东师范大学教育学部　林　琳

上海市宝山区乾溪第二幼儿园"欣赏＋创想"美术课程课题组

活动五　凌空展翅的飞檐　大班

活动说明

飞檐在古建筑中常用在亭、台、楼、阁、宫殿、庙宇的屋顶转角处,四角翘伸,形如飞鸟展翅,轻盈活泼。孩子们在旅游景区经常会看到各种古建筑,而飞檐翘角给他们留下了深刻的印象。本活动中,教师引导幼儿欣赏各种古建筑中的飞檐翘角以及飞檐上的"小兽",感受飞檐营造出的壮观气势和飞动轻快的韵味,并在欣赏的基础上鼓励幼儿用线条创造性地表现飞檐上的图案和小兽造型,感受优美的屋顶带来的美好享受。

◎ 活动目标

1. 欣赏古建筑中的飞檐,感受飞檐所营造出的壮观气势和飞动轻快的韵味。
2. 用画笔描绘并装饰飞檐,体验造型优美的屋顶带来的美好享受。

◎ 活动准备

课件、铅画纸、各色水彩笔。

◎ 活动过程

一、图片导入,引起幼儿兴趣

教师(出示图 4 - 5 - 1):你到过北京吗?这是哪里?

图 4 - 5 - 1

小结：这是故宫,那里有许多著名的古建筑,金碧辉煌,尤其是那瑰丽的大屋顶,它的屋脊带着柔和的曲线微微向四角翘起,彩色的琉璃瓦在阳光下闪烁,美丽极了。这些微微翘起的屋檐叫飞檐,常用在亭、台、楼、阁、宫殿、庙宇的屋顶转角处。

二、了解飞檐,感受飞檐营造出的壮观气势和飞动轻快的韵味

1. 教师(出示图4-5-2—图4-5-4):你们看飞檐是什么样的? 给你什么感觉?

图4-5-2

图4-5-3

图4-5-4

小结:飞檐有许多类型,或低垂,或平直,或上挑,不同的形式会制造出不同的艺术效果,或轻灵,或朴实,或威严。

2. 教师放大图片提问:飞檐设计巧妙,造型优美,飞翘的屋檐上雕刻着什么?(幼儿讨论)你们仔细看,屋顶上雕刻有哪些小兽?

3. 教师:你们知道飞檐为何能展现出不同的形式,它靠的是什么呢? 这个小秘密可以让爸爸妈妈带你们到网上去查阅一下。

三、幼儿绘画,教师巡回指导

1. 教师:飞檐是中国古建筑上非常有特色的部分,今天我们也来画画飞檐,请你用好

看的花纹来装饰飞檐,并在飞檐上画上自己喜爱的小兽。

2. 幼儿创作,教师巡回指导。

(1)教师鼓励幼儿设计出不同造型的飞檐。

(2)教师引导幼儿用各种不同的纹样装饰飞檐。

(3)教师鼓励幼儿在飞檐上画出自己喜爱的小兽。

四、展示作品,欣赏交流

教师将幼儿作品贴在展示板上,让幼儿说说大家画了哪些小兽。

幼儿作品

 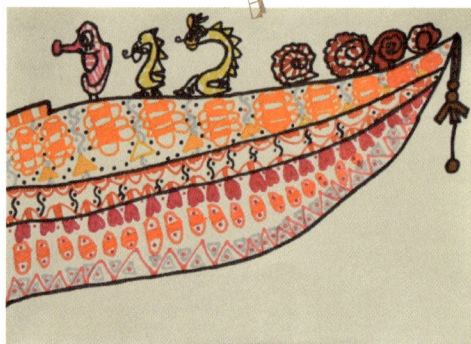

作品 1　　　　　　　　　　　　　　作品 2

作品 3　　　　　　　　　　　　　　作品 4

活动建议

1. 活动之前,家长可以带幼儿观察古建筑上的飞檐,让幼儿对中国古建筑的屋顶有初步的了解。

2. 飞檐上的小兽生动活泼，幼儿创作时，教师可以将各种小兽图案放在每一张桌上，便于幼儿参考，丰富他们的作品内容。

3. 活动结束后，家长和幼儿上网查阅"斗拱"，让幼儿了解飞檐之所以呈现出不同的样式，原来是斗拱给了飞檐强有力的支撑。

华东师范大学教育学部　林　琳

上海市宝山区乾溪第二幼儿园"欣赏＋创想"美术课程课题组

活动六 美轮美奂的花窗 大班

活动说明

在中国，窗户有一个好听的名字叫"花窗"，一个"花"字在道明窗的固有功能之外，更承载着中国人的审美情趣。中国园林的美，透过花窗，让人与景似隔非隔，景与人若即若离。本活动中，教师引导幼儿欣赏花窗的各种造型和图案，让幼儿体验花窗的美，美在本身，美在窗外的风景，更美在花窗所营造的意境。教师在引导幼儿欣赏的基础上，让幼儿尝试运用各种线条与纹样表现自己设计的各种形状的花窗。

活动目标

1. 欣赏花窗的各种造型，感受花窗的窗美和景美。
2. 尝试用各种线条与纹样表现花窗，体验设计的快乐。

活动准备

经验准备：幼儿观赏过园林建筑中的花窗，初步了解中国传统纹样。

材料准备：课件视频、超轻黏土、塑封底板、围墙展板、已经渲染过的宣纸。

活动过程

一、视频导入，引起兴趣

教师播放视频①：小朋友们，看一看，视频中提到的窗和我们家里的窗有什么不同？

---

① 视频链接：https://haokan. baidu. com/v? pd＝wisenatural&vid＝8964000216869987546。

小结：在中国，窗有一个更好听的名字，叫作花窗或是漏窗。不同的地方，有着不同的花窗和图案。接下来，请大家跟随我，一起漫步园林，欣赏一下不同的花窗吧。

二、欣赏造型各异的花窗，感受花窗的造型美

1. 教师（出示图4-6-1—图4-6-3）：这是园林中的各种花窗，这些花窗是什么形状的？

图4-6-1

图4-6-2

图4-6-3

小结：这些花窗因为窗框中是空的，所以也叫空窗或洞窗。花窗的造型形态各异，既有方形、圆形、六角等几何形状，也有扇形、月牙式、梅花式、花瓶式等取材于自然和各种器物的造型。透过窗洞，我们可以看到美丽的园林景色。

2. 教师（出示图4-6-4—图4-6-6）：这些花窗有哪些一样的地方和不一样的地方？

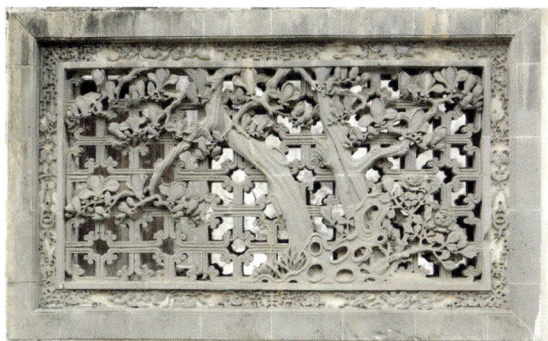

图 4 - 6 - 4

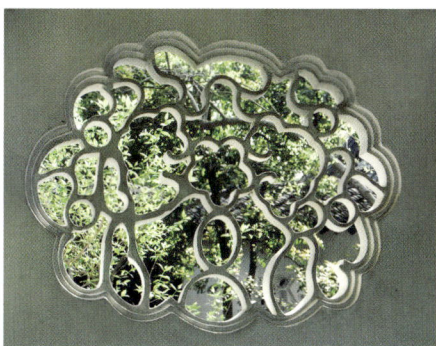

图 4 - 6 - 5

图 4 - 6 - 6

小结：这些花窗也叫漏窗，漏窗美在图案。几何纹由简单的曲线、折线构成，一般为有规律的重复连续图案，有些图案是经过千年美学沉淀的中国传统纹样。

三、幼儿制作，教师巡回指导

1. 教师（出示背景墙）：这里有一面墙，上面缺了一些花窗，请大家一起来设计花窗，让它变得更加好看。

2. 师幼共同探讨制作方法。

（1）先想一想要制作的花窗是什么形状的，上面有些什么样的花纹或图案。

（2）然后用记号笔在塑封纸上画出花窗，并将超轻黏土粘在画好的花纹上。

（3）将事先晕染好的宣纸垫在塑封纸下，便可以透过漏窗看到窗外的"风景"。

3. 幼儿制作，教师指导。

（1）教师引导幼儿将花窗的花纹连接起来，搓的条要粗细均匀。

（2）鼓励幼儿制作出具有中国传统特色的花纹。

四、展示作品，欣赏交流

1. 教师将幼儿的作品展示在围墙展板上。

2. 播放背景音乐，教师带领幼儿参观：我们来到了园林中，看到了很多美轮美奂的花窗,请你说一说这些花窗有些什么样的形状和花纹。透过窗洞,你们看到了窗外哪些美丽的园林景色。

幼儿作品

作品 1

作品 2

作品 3

作品 4

作品 5

作品 6

活动建议

1. 活动之前，教师可以在美术区角中投放各种中国传统纹样的图片，让幼儿初步了解冰裂纹、回纹、万字纹等具有中国传统特色的纹样。

2. 活动之前，教师还可以投放宣纸、毛笔、彩墨，让幼儿用写意的方式表现梅花、腊梅、桃花、柳树等景色，以备用。

3. 教师在指导幼儿绘制花窗时候，所画花窗的线条不要太复杂，线条要清晰，便于操作。同时提醒幼儿一次拿取的黏土不要太多，搓的黏土条要粗细均匀。

华东师范大学教育学部　林　琳

上海市普陀区大风车幼儿园　苗　芳

活动七

活动说明

园林景观之洞门　大班

中国园林的洞门是一个独特的风景，洞门起到使两个分隔的园景联系起来的妙用，它是中国园林充满诗意的点睛之笔。洞门不仅可以单独成景，还可以与园中其他景观，如植物、亭榭、假山等互为映衬。本活动中，教师引导幼儿欣赏形状千变万化的洞门，感受一扇洞门一种风情，步移景异的独特景观效果。同时，鼓励幼儿结合自己的生活经验以及想象，运用记号笔和淡墨渲染的方法表现不同形状的洞门及洞中景物。

活动目标

1. 欣赏中国园林中的各种洞门，感受洞门的独特景观。
2. 尝试用记号笔和淡墨渲染的方法表现洞门，体验墨的晕染美。

活动准备

1. 经验准备：请家长带幼儿参观园林建筑，关注园林中各种形状的洞门。
2. 材料准备：课件、记号笔、墨、宣纸、洗笔筒、毛笔、抹布、展示幼儿作品的园林墙。

活动过程

一、谈话导入，引起幼儿兴趣

教师：小朋友，请你说一说生活中有哪些门？

小结：生活中有各种各样的门，还有一种门很特别，它在公园里能找到，就是洞门。

二、欣赏园林中的洞门，感受洞门的多样性

1. 教师（出示图4-7-1—图4-7-3）：这些就叫洞门，因为它只有门框，没有门扇，中间是空的，像个洞，所以叫洞门。你们看，这些洞门是什么形状的？

图4-7-1

图4-7-2　　　　　　　　　　　图4-7-3

2. 教师（出示图4-7-4—图4-7-6）：除了这些常见的几何形，还有一些特殊的形状，你们看这些洞门是什么形状的？（梅花形、古瓶形、葫芦形）

图 4-7-4　　　　　　　　图 4-7-5　　　　　　　　图 4-7-6

小结：园林中的洞门除了几何图形外，还有不少实物形，如葫芦、海棠、鲜桃、枫叶、月亮等，这些形状各异的门不仅有美好的寓意，还给园林增添了美感。

3. 教师：透过洞门，你们看到了什么？洞门的旁边有些什么？（幼儿讨论）

小结：我们看到在洞门的四周有一些植物、石头等，从洞门前面看就是一个景，透过洞门又看到另一番景色。所以说，一扇洞门，一种风情，步移景异。

三、幼儿设计洞门，教师巡回指导

1. 教师：今天我们来做小小园林设计师，设计一扇漂亮的洞门。你想设计什么形状的洞门？透过洞门我们可以看到哪些景色？

2. 幼儿进行创作，教师巡回指导。

（1）教师提醒幼儿笔的力度不要太大，以免勾破纸张。

（2）在用淡墨进行晕染的时候，教师要提醒幼儿毛笔的水分不要太多，记得要在杯口舔去多余的墨汁。

（3）教师鼓励幼儿在画好的洞门周围进行添画。

四、展示作品，欣赏交流

教师将幼儿的作品展示在"园林墙"上（见图 4-7-7），播放背景音乐，带着幼儿漫步

图 4-7-7

到"洞门"前，说说从什么形状的洞门中看到了什么。

幼儿作品

作品 1

作品 2

作品 3

作品 4

作品 5

作品 6

活动建议

1. 活动之前,教师可以建议家长带幼儿到公园游玩,并关注洞门的形状,引导幼儿说说透过洞门看到一些什么景色。教师在美术区角中也可以投放一些洞门的图片供幼儿欣赏,积累一些前期的经验。

2. 教师引导幼儿观察洞门时,除了注意观察洞门的形状,还要观察洞门的旁边、洞门里面有些什么,为创作做准备。

3. 活动结束后,教师可以在美术区角中投放超轻黏土,让幼儿将超轻黏土搓长后围出洞门的形状,然后再用炫彩棒画出洞门里的风景,让幼儿体验用不同材料进行表现的不同效果。

上海市普陀区大风车幼儿园　杨月敏　余　菁

华东师范大学教育学部　林　琳

活动八　烟雨江南　大班

活动说明

吴冠中是中国现代著名的画家,他的水墨画具有中西结合的特点,他善于运用点、线、面交织来构成一种独特的艺术表现形式,更能够让幼儿深刻体会到画中的意境以及作品中的诗情画意。本学期大班幼儿正在学习水墨画,为了让幼儿更好地了解水墨画的特点,本活动选取吴冠中作品中富有特色的江南水乡画面,让幼儿感受水墨画的意境美,并尝试用水墨画的方式表现江南水乡,体验水墨画的乐趣。

活动目标

1. 欣赏吴冠中的水墨画,感受水墨江南的意境美。
2. 尝试用水墨表现江南的民居,体验水墨画的乐趣。

活动准备

经验准备:有去过江南古镇游玩的经验,有画水墨画的经验。

材料准备:课件、毛笔、彩墨、宣纸、抹布、洗笔筒。

活动过程

一、视频导入，引起幼儿兴趣

1. 教师：你去过江南古镇吗？在那里你看到了什么？

小结：你们去的这些地方就是江南，那里有小桥流水人家，有粉墙黛瓦的徽派建筑。每个地方都犹如一幅美丽的水墨画。

2. 教师播放视频《吴冠中的烟雨江南》并介绍：有位画家把江南变成了画，我们一起去看看吧。

二、欣赏吴冠中的作品，感受水乡建筑的美

1. 教师（出示吴冠中的江南水乡作品）：吴冠中爷爷用画笔将美丽的江南画了下来，你看到了什么？这些房子是什么样的？（幼儿讨论）

小结：画中描绘了江南水乡，那里有粉墙黛瓦的房子，有小桥、流水、乌篷船，桥上、船上都有游人，房前屋后还有柳树。

2. 教师：这些房子是怎么排列的？

小结：这些房子前后排列，前面的房子会遮住后面的房子，越是远处的房子越是在画面的上方。

3. 教师：找一找，画中有些什么线条？

小结：吴冠中爷爷非常喜欢用线来表现，画中的线，有的是纤细长线，有的是环绕曲线，还有的是重复的线或是单线条。

4. 教师：除了线，找一找画中的点和面分别是什么？

小结：吴冠中爷爷特别重视点、线、面的结合与搭配。画面中五颜六色的游人远远看去就是点，黑色的瓦片和门、石桥的桥墩远远看去是一个面。有了点、线、面的搭配，画面才会好看。

5. 教师：找一找，画面中用得最多的颜色有哪些？

小结：黑、白、灰、红、蓝、绿是画面中用得最多的颜色，这些柔和的色调将江南水乡的春天景色展现在我们面前，充满了诗情画意。

三、幼儿用水墨表现江南水乡，教师巡回指导

1. 教师：水墨画有着独特的魅力，我们今天就来画一幅梦里的江南水乡。

2. 教师：刚才我们看到江南水乡有民居、小桥、乌篷船、柳树、游人等，你梦里的江南水乡是什么样的？你准备怎么安排这些内容呢？

3. 师幼共同探讨绘画步骤。

（1）先想好梦里的江南水乡有些什么，这些内容在画纸中要怎么排列。

（2）想好以后，教师引导幼儿先画主要的内容，如民居、小桥，然后画水面、小船，最后点缀人物、树木、花朵等。

（3）教师提醒幼儿使用毛笔换色时注意先将毛笔洗干净，然后再画另一种颜色。

4. 幼儿操作,教师巡回指导。

(1)教师引导幼儿画出前后遮挡的江南民居。

(2)教师鼓励幼儿添画小鸟、小船、树木花朵等,丰富画面的内容。

(3)教师要引导幼儿注意水墨画的常规培养。

四、展示作品，欣赏交流

1. 教师将幼儿的作品贴在展示板上,说说自己梦里的江南水乡是什么样的。

2. 教师:吴冠中爷爷生于江南,长于江南,所以,在吴冠中爷爷作品中我们会看到很多表现故乡的画作,从他画的江南水乡的笔触中可以看到他浓浓的思乡之情。请大家在美术区角中继续欣赏吴冠中爷爷画的其他作品。

幼儿作品

作品1

作品2

作品3

作品4

活动建议

1. 活动之前,家长可以带幼儿去江南古镇等地,积累一些关于江南水乡的经验,为本

次活动做准备。

2. 活动结束后可以在美术区角中以影集的形式展示吴冠中的水墨画作品，引导幼儿找找不同作品中的线条表现，进一步体验线条作为吴冠中作品的灵魂所在。

3. 区角中教师可以创设古镇风情街，让幼儿表现古镇上的各色人物。

华东师范大学教育学部　林　琳

上海市普陀区大风车幼儿园　吴玉琪　苗　芳

活动九　中西合璧的石库门　大班

活动说明

石库门是上海最有代表性的民居建筑，中西建筑艺术相融合的石库门作为建筑和文化的产物，在中国近代建筑史上留下了深深的烙印。本活动结合大班幼儿的生活经验以及美术能力发展水平，聚焦于石库门建筑中最精华、最具特色的部分——门楣。活动中教师充分审视、利用形式多样、风格各异的石库门门楣，这种以生活为本源的学习，更容易引起孩子们情感上的共鸣，并且使幼儿的创作更加丰满、生动。

活动目标

1. 欣赏不同样式的石库门门楣，感受中西合璧的门楣的对称、均衡美。
2. 运用对称的纹样设计石库门门楣，创意表现打开门后看到的景象。

活动准备

1. 经验准备：幼儿事先看过石库门建筑，或是去参观过"石库门屋里厢博物馆"。
2. 材料准备：课件、刮画纸、刮画笔、记号笔、铅画纸。

活动过程

一、图片导入，感受石库门建筑的独特性

教师（出示图4-9-1、图4-9-2）：你们平时看到过这样的房子吗？它给你什么样的感觉？

图 4-9-1

图 4-9-2

小结：这些房子藏于上海的各个角落，伫立在上海闹市区之中难得的幽静之地，见证了上海百年变迁，这就是上海的石库门建筑。

二、欣赏不同样式的石库门门楣，感受对称美和均衡美

1. 教师（出示图 4-9-3—图 4-9-8）：石库门里的"门"几乎都是有一圈石头的门框，门扇是黑色的实心厚木，而门楣部分是最为精彩的部分，是装饰最美的部分。这些门楣有些什么形状呢？你最喜欢哪个门楣？为什么？

图 4-9-3

图 4-9-4

图 4-9-5

图 4-9-6

图 4-9-7

图 4-9-8

小结：受到西方建筑风格的影响，石库门常用三角形、半圆形、弧形或长方形的花饰，类似于西方建筑门窗上部的山花楣饰，这些漂亮的花饰形式多样，风格各异，是石库门建筑中最有特色的部分。

图 4-9-9

2. 教师（出示图 4-9-9）：中国共产党第一次全国代表大会就在上海的石库门内召开，开启了从石库门到天安门的第一步。

3. 教师：音乐家聂耳和田汉在石库门里创作出了国歌《义勇军进行曲》。（教师播放国歌，全体幼儿起立，感受国歌的雄壮）

三、教师引导幼儿探索制作石库门门楣的方法

教师：既然石库门的门楣这么有特色，今天我们就用画笔来设计一扇独特的门楣。

1. 先用记号笔画出石库门及门楣，注意中间的门要剪成可以打开的。

2. 然后用剪刀沿着门框剪下来，将石库门贴在刮画纸上，并在刮画纸上添画背景。

3. 将门打开，在刮画纸上画出自己想象中的场景。

四、展示作品，分享交流

1. 教师展示幼儿作品，引导幼儿说说最喜欢哪个门楣，打开门后看到了什么。

2. 教师：随着上海城市的扩改建，这种石库门建筑已经越来越少，不过我们依然眷恋着世代居住的石库门，现在已经有了"石库门屋里厢博物馆"，一定要让爸爸妈妈们带你们去看一看哦。

幼儿作品

作品1

作品2

作品 3

作品 4

活动建议

1. 活动之前,有条件的幼儿园可以带幼儿去参观石库门建筑,或是去参观"石库门屋里厢博物馆",不仅了解石库门的外观,也去看看住在石库门里的人们的生活。

2. 结合石库门的主题,教师可以投放其他材料让幼儿继续在区角活动中多元化地表现石库门的门楣。

华东师范大学教育学部　林　琳
上海市黄浦区思南新天地幼儿园　邱　玥

参 考 文 献

1. 王彦发.中国民间美术概论[M].郑州：海燕出版社,2012.
2. 易心,肖翱子.中国民间美术[M].第2版.长沙：湖南大学出版社,2011.
3. 郭琳,史荣利,单文霞.民间美术与设计[M].上海：上海交通大学出版社,2015.
4. 胡俊涛.中国民间美术[M].郑州：河南科学技术出版社,2008.
5. 黄露.儿童的美术语言[M].杭州：浙江人民美术出版社,2019.
6. 周旭.中国民间美术概要[M].北京：人民美术出版社,2008.
7. 孟祥玲,孙薇.民间美术[M].北京：清华大学出版社,2019.
8. 孙建君.中国民间美术鉴赏[M].重庆：西南师范大学出版社,2006.
9. 牛建军,赵斌.中华传统民俗工艺常识[M].郑州：中州古籍出版社,2014.
10. 颜新元.中国当代"新民间"艺术[M].南昌：江西美术出版社,2008.
11. 张玮.幼儿园民间美术欣赏教育的现状、问题及对策研究[D].山东师范大学硕士学位论文,2015.
12. 李桂芬.幼儿园开展民间美术教育的现状调查研究——以苏州市S幼儿园为例[D].上海师范大学硕士学位论文,2016.
13. 张霞.民间美术融入幼儿创意美术教学的应用研究——以A幼儿园为例[D].天水师范学院硕士学位论文,2019.
14. 王姣荣.民间美术资源在幼儿园环境创设中的运用研究[D].河北大学硕士学位论文,2018.

幼儿教师专业成长书系

幼儿园工作流程图解　　　　　　　　　张欣 主编
幼儿园区域环创指导　　　　　　　　　王秋 主编
幼儿园环境创设　　　　　　郭晓盛 郭海燕 主编
幼儿园应用文写作指导　　　　　张欣 刘秦中 主编
学前教育专业毕业论文写作指导　　　张亚妮 主编
上海市幼儿园信息化建设与应用指南（试行）及标杆园
创建应用案例　　　上海市教育委员会信息中心学前教育信息部 编

家园共育课程　　　　　　　　　　　董颖春 主编
幼儿园、家庭、社区协同共育　　　　　吴冬梅 主编

听说，故事可以这样"讲"
—— 幼儿园文学与艺术统整课程　　　方红梅 主编
致善之路——幼儿园感恩教育探索与实践　欧赛萍 主编
幼儿园社会体验课程设计 22 例
——"小钟娃"社会体验课程构建　　　李丽丽 主编
在探究中成长——幼儿园科学项目活动精选　肖菊红 主编
在自然中生长——幼儿园亲子游项目活动精选 肖菊红 主编
在玩中学——幼儿园科学微项目活动精选　肖菊红 主编
在做中学——幼儿 STEM 项目活动精选　　杨凌 主编
幼儿园探究活动案例　　　　　　卢娟 唐雪梅 主编
幼儿园探究课程怎么做　　　　　　　唐雪梅 著
幼儿园"五动教育"　　　　　　　　　潘晓敏 主编
幼儿园游泳课程探究　　　　　　毛美娟 诸君 主编
幼儿运动分解教学　　　　　　　　　窦作琴 主编
幼儿足球训练游戏　　　　　　张光元 陆大江 主编
亲子运动游戏　　　　　　　　刘继勇 陆大江 主编
3-6 岁儿童运动游戏实例　　　　陆大江 张勇 主编
游戏美术　　　　　　　　　　武千彰 卞洁华 主编

"活教育"中的食育　　　　　　　　　周念丽 主编
"活教育"中的托育　　　　　　李然然 张照松 主编
"活教育"中的托育课程建构与实施　　蔡樟清 主编
"活教育"中的民族文化育　　　　　　邢保华 主编
"活教育"中的致善教育　　　　　　　欧赛萍 主编
"活教育"中的"三生"教育　　　　　　郁良军 主编
"活教育"中的山西文化之旅　　　　沃德兰东大 主编
"活教育"中的乡土资源教育　　　　　李桂芳 主编
好玩的甲骨文　　　　　　　　　　　张红霞 主编

儿童戏剧教育概论　　　　　　　　　林玫君 著
儿童戏剧教育活动指导：
肢体与声音口语的创意表现　　　　　林玫君 著
儿童戏剧教育活动指导：
童谣及故事的创意表现　　　　　　　林玫君 著

绘本中的创意美术　　　　　　　　　林琳 主编
绘本中的音乐创作与活动　　　　周杏坤 兰芳 主编
绘本中的戏剧活动　　　　　　　　　瞿亚红 主编
绘本中的舞蹈　　　　　　　　　　　张海燕 主编
绘本中的科学　　　　　　　　　　　应彩云 主编
中国原创绘本主题活动设计　　　郑蕙苡 沈荣 主编

幼儿文学精品赏读　　　　　　　　　方卫平 主编
幼儿教师讲故事技巧　　　　　　　　王丽娜 编著
童谣游戏 1/2　　　　　　　　　胡志远 张舒 主编
幼儿游戏精编 1/2　　　　　　　周世华 刘昕 主编
婴幼儿游戏活动 300 例　　　　　　　程沿彤 主编
幼儿合作性游戏棋：配备、设计制作与应用　郭力平 等著
0~3 岁亲子早教课程　　　　　　　　陈海丹 主编
培育 0~3 岁儿童核心素养　　　　　　寇爽 主编
宝贝和我的幸福时光——祖辈科学育孙指导　何慧华 主编
快乐学数 智慧玩数　　　　　　　　　陈青 主编
幼儿园民间美术活动设计方案　　　　林琳 主编
当代艺术与美国儿童美术教育　　　　顾菁 著
幼儿园创意美术主题活动方案（上、下）程沿彤 王燕媚 主编
回归生活——幼儿园教育活动案例及评析　夏力 主编

嘉阳的 18 次挑战　　　　　　　鄢超云 余琳 主编
你好，蚕宝宝　　　　　　　　　鄢超云 余琳 主编
玩帐篷　　　　　　　　　　　　鄢超云 余琳 主编
做泡菜　　　　　　　　　　　　鄢超云 余琳 主编
利津户外游戏　　　　　　　　　赵兰会 刘令燕 主编
图解游戏：让幼儿教师轻松搞定游戏　　鄢超云 总主编
　　　　　　　　　　余琳 文贤代 吴庆国 主编
图解游戏：让家长秒懂游戏　　　　　鄢超云 总主编
　　　　　　　　　　余琳 文贤代 吴庆国 主编

图说幼教　　　　　　　　　　　　　周念丽 著
儿童早期发展中的观察与评估　［德］沃尔夫冈·波特 等著
　　　　　　　　　　　　　　　　　王晓 译
幼儿教师的教育哲学观：通向幸福的教育之道　胡华 著
与幼儿对话
——这样说，孩子更开心　　　［日］增田香 著 卢中洁 译
儿童学习品质：概念、方法与应用　　冯丽娜 著
儿童同伴文化：走进幼儿园田野中的儿童世界　林兰 著
幼儿教育师资有效供给研究　　　　　张根健 著
幼儿园课程与教学问答 50 例　　　　吴振东 著
观察点亮游戏　　　北京荣和教育儿童研究发展中心 主编
中国原创绘本主题活动设计　　　郑蕙苡 沈荣 主编

图书在版编目(CIP)数据

幼儿园民间美术活动设计方案/林琳主编.—上海：复旦大学出版社，2022.7
ISBN 978-7-309-16155-7

Ⅰ.①幼… Ⅱ.①林… Ⅲ.①美术课—学前教育—教学参考资料 Ⅳ.①G613.6

中国版本图书馆 CIP 数据核字(2022)第 044082 号

幼儿园民间美术活动设计方案
林　琳　主编
责任编辑/夏梦雪

复旦大学出版社有限公司出版发行
上海市国权路 579 号　邮编：200433
网址：fupnet@ fudanpress.com　http://www.fudanpress.com
门市零售：86-21-65102580　　　团体订购：86-21-65104505
出版部电话：86-21-65642845
上海丽佳制版印刷有限公司

开本 787×1092　1/16　印张 12.25　字数 283 千
2022 年 7 月第 1 版第 1 次印刷

ISBN 978-7-309-16155-7/G・2353
定价：58.00 元